Psicopolítica
O neoliberalismo
e as novas
técnicas de poder

Trotzdem 14

Byung-Chul Han
Psicopolítica. O neoliberalismo
e as novas técnicas de poder
Tradução
Maurício Liesen
Preparação
Ligia Azevedo
Revisão
Ana Martini
Fernanda Alvares
Projeto gráfico
Federico Barbon Studio
Tipografia
Patos, de Federico Paviani

Direção editorial
Pedro Fonseca
Direção de arte
Daniella Domingues
Coordenação
de comunicação
Amabile Barel
Redação
Andrea Stahel
Designer assistente
Gabriela Forjaz
Conselho editorial
Lucas Mendes

ISBN 978-85-92649-39-5

Editora Âyiné
Praça Carlos Chagas, 49
Belo Horizonte 30170-140
+55 31 3291-4164
www.ayine.com.br
info@ayine.com.br

Psicopolítica
O neoliberalismo e as novas técnicas de poder

Âyiné

Tradução
Maurício Liesen

Byung-Chul
Han

Sumário

Proteja-me do que quero.
— Jenny Holzer

A liberdade terá sido episódica. Um episódio no sentido de entreato, de conexão entre partes. Esse sentimento de liberdade se instaura na passagem de uma forma de vida à outra até que esta também se mostre como um modo de coerção. Assim, uma nova forma de submissão sucede à libertação. É esse o destino do sujeito, que literalmente significa «estar submetido».

Hoje, acreditamos que não somos *sujeitos* submissos, mas *projetos* livres, que se esboçam e se reinventam incessantemente. A passagem do sujeito ao projeto é acompanhada pelo sentimento de liberdade. E esse mesmo projeto já não se mostra tanto como uma figura de coerção, mas sim como uma *forma mais eficiente de subjetivação e sujeição*. O «eu» como projeto, que acreditava ter se libertado das coerções externas e das restrições impostas por outros, submete-se agora a coações internas, na forma de obrigações de desempenho e otimização.

Vivemos em um momento histórico particular, no qual a própria liberdade provoca coerções. A liberdade de *poder* (*Können*) produz até mais coações do que o *dever* (*Sollen*) disciplinar, que expressa regras e interditos. O *dever* tem um limite; o *poder* não. Portanto, a coerção proveniente de *poder* é ilimitada e, por esse motivo, encontramo-nos em uma situação paradoxal. A liberdade é a antagonista da coerção. Ser livre significa estar livre de coerções. Ora, mas essa liberdade que deveria ser o contrário da coação também produz ela mesma coerções. Doenças psíquicas, como depressão ou *burnout*[1] são expressões de uma profunda crise da liberdade: são sintomas patológicos de que hoje ela se transforma muitas vezes em coerção. O sujeito do desempenho, que se julga livre, é na realidade um servo: é um *servo absoluto*, na medida em que, sem um senhor, explora voluntariamente a si mesmo. Nenhum senhor o obriga a trabalhar. O sujeito absolutiza a *vida nua* e trabalha. A vida nua e o trabalho são dois lados de uma mesma moeda: a saúde representa o ideal da vida nua. A esse servo neoliberal a soberania é estranha, ou melhor, a liberdade daquele senhor que, segundo a dialética hegeliana servo-senhor, não trabalha e *apenas goza*. Essa *soberania do senhor* consiste em elevar-se além da vida nua e, consequentemente, em aceitar até mesmo a própria morte.

Esse *excesso*, essa forma excessiva de vida e gozo, é estranha ao servo trabalhador, preocupado com a vida nua. Ao contrário da suposição hegeliana, o trabalho não liberta o servo: ele continua a ser um escravo do trabalho. O servo hegeliano obriga também o senhor a trabalhar: a dialética hegeliana servo-senhor conduz à totalização do trabalho.

O sujeito neoliberal como empreendedor de si mesmo é incapaz de se relacionar *livre de qualquer propósito*. Entre empreendedores não surge amizade desinteressada. Contudo, ser livre significa originalmente *estar com amigos*. Liberdade (*Freiheit*) e amigo (*Freund*) possuem a mesma raiz indo-europeia. Fundamentalmente, a liberdade é uma *palavra relacional*. Só nos sentimos realmente livres em um relacionamento bem-sucedido, em um feliz «estar junto». O isolamento total

---

1   Também conhecido como síndrome do esgotamento profissional. [N. T.]

para o qual conduz o regime neoliberal não nos torna livres de fato. Assim, nos dias de hoje, coloca-se a pergunta: para escapar à fatídica dialética da liberdade que a transforma em coerção, não deveríamos redefinir ou reinventar a liberdade?

O neoliberalismo é um sistema muito eficiente — diria até inteligente — na exploração da liberdade: tudo aquilo que pertence às práticas às e formas de expressão da liberdade (como a emoção, o jogo e a comunicação) é explorado. Explorar alguém contra sua própria vontade não é eficiente, na medida em que torna o rendimento muito baixo. É a exploração da liberdade que produz o maior lucro.

É interessante notar que Marx também define a liberdade a partir de uma relação bem-sucedida com o outro:

É somente na comunidade (*Gemeinschaft*) [com os outros que cada] indivíduo possui os meios de desenvolver suas faculdades em todos os sentidos; é somente na comunidade que a liberdade pessoal é possível.[2]

Ser livre, portanto, não significa nada mais do que *se realizar conjuntamente*. Liberdade é sinônimo de comunidade bem-sucedida.

Para Marx, a liberdade individual representa uma astúcia, uma malícia do capital. A «livre concorrência» baseada na ideia da liberdade individual é apenas «a relação do capital consigo mesmo como outro capital, i.e., o comportamento real do capital como capital».[3] O capital intensifica sua reprodução na

---

2 Karl Marx e Friedrich Engels. *A ideologia alemã*. Trad. de Luís Claudio de Castro e Costa. São Paulo: Martins Fontes, 1998, p. 92.

3 Karl Marx. *Grundrisse: Manuscritos econômicos de 1857-1858 — Esboços da crítica da economia política*. Trad. de Mário Duayer e Nélio Schneider. São Paulo: Boitempo, 2011, p. 524.

medida em que, por meio da livre concorrência, relaciona-se consigo mesmo como outro capital. Graças à liberdade individual, copula com o outro de si mesmo. O capital se multiplica enquanto competimos livremente uns com os outros. A liberdade individual é uma servidão na medida em que é tomada pelo capital para sua própria multiplicação. Assim, o capital explora a liberdade do indivíduo para se reproduzir: «Na livre concorrência, não são os indivíduos que são liberados, mas o capital».[4] A *liberdade do capital* se realiza por meio da liberdade individual. Dessa maneira, o indivíduo livre é rebaixado a órgão genital do capital. A liberdade individual concede ao capital uma subjetividade «automática», que o incita à reprodução ativa. Assim, o capital «pare» continuamente «filhotes».[5] A liberdade individual, que atualmente assume uma forma excessiva, é nada mais nada menos do que o *excesso do próprio capital*.

A ditadura do capital

De acordo com Marx, a partir de determinado estágio do seu desenvolvimento, as forças produtivas (força de trabalho humana, modo de trabalho e meios de produção) entram em contradição com as relações de produção dominantes (de propriedade e dominação). Isso ocorre porque as forças produtivas se desenvolvem continuamente. Logo, a industrialização gera novas forças produtivas que contrariam as relações de propriedade e de dominação típicas do feudalismo.

---

4 Ibid., p. 315.
5 Karl Marx. *O capital: Crítica da economia política*. Livro 1: *O processo de produção do capital*. Trad. de Rubens Enderle. São Paulo: Boitempo, 2013, p. 203.

Essa contradição provoca crises sociais que impelem a mudanças nas relações de produção. A antítese é eliminada pela luta do proletariado contra a burguesia, que produz uma ordem social comunista.

Diferente da suposição de Marx, a contradição entre as forças produtivas e as relações de produção não pode ser superada através de uma revolução comunista: ela é de fato *insuperável*. É exatamente por causa dessa contradição intrínseca e permanente que o capitalismo escapa para o futuro. Assim, o capitalismo industrial se *mutacionou* em neoliberalismo e em capitalismo financeiro com modos de produção imateriais e pós-industriais, em vez de transformar-se em comunismo.

O neoliberalismo, como mutação do capitalismo, torna o trabalhador um *empreendedor*. Não é a revolução comunista, e sim o neoliberalismo que elimina a exploração alheia da classe trabalhadora. Hoje, cada um é um *trabalhador que explora a si mesmo para a sua própria empresa*. Cada um é senhor e servo em uma única pessoa. A luta de classes também se transforma em uma *luta interior consigo mesmo*.

Os modos de produção contemporâneos não são constituídos pela «multitude» colaborativa que Antonio Negri eleva à sucessora pós-marxista do «proletariado», e sim pela *solitude* do empreendedor que luta consigo mesmo, enquanto explorador voluntário de si. Logo, é um erro acreditar que a «multitude» cooperante derruba o «império parasitário» e produz uma ordem social comunista. O esquema marxista ao qual Negri se prende se mostra novamente uma ilusão.

Com efeito, no regime neoliberal não existe um proletariado ou uma classe trabalhadora que seria explorada pelo proprietário dos meios de produção. Na produção imaterial, de um jeito ou de outro, cada um possui seu próprio meio de produção. O sistema neoliberal não é mais um sistema de classes em sentido estrito. Ele não se constitui por estratos antagônicos da sociedade. É aí que reside a estabilidade do sistema.

A distinção entre proletariado e burguesia já não se sustenta. Literalmente, o proletário é aquele que tem como única propriedade a própria prole. A sua autoprodução se restringe à reprodução biológica. Hoje, no entanto, é disseminada a ilusão de que qualquer um, enquanto projeto que se esboça livremente, é capaz de uma *autoprodução ilimitada*. A «ditadura do proletariado» é, nos dias que correm, estruturalmente impossível. Somos todos dominados por uma ditadura do capital.

O regime neoliberal transforma a exploração imposta por outros em uma autoexploração que atinge todas as «classes». Essa autoexploração sem classes é completamente estranha a Marx e torna a revolução social impossível, já que esta é baseada na distinção entre exploradores e explorados. E, por causa do isolamento do sujeito de desempenho explorador de si mesmo, não se forma um *Nós político* capaz de um agir comum.

Quem fracassa na sociedade neoliberal de desempenho, em vez de questionar a sociedade ou o sistema, considera a si mesmo como responsável e se envergonha por isso. Aí está a inteligência peculiar do regime neoliberal: não permite que emerja qualquer resistência ao sistema. No regime de exploração imposta por outros, ao contrário, é possível que os explorados se solidarizem e juntos se ergam contra o explorador. Essa é a lógica que fundamenta a ideia marxista da «ditadura do proletariado», que pressupõe, porém, relações repressivas de dominação. Já no regime neoliberal de autoexploração, a agressão é dirigida contra nós mesmos. Ela não transforma os explorados em revolucionários, mas sim em depressivos.

Atualmente, já não trabalhamos por causa de nossas próprias necessidades, e sim pelo capital. O capital gera suas próprias necessidades, que erroneamente percebemos como se fossem nossas. O capital representa uma nova *transcendência*, uma nova forma de subjetivação. Uma vez mais, somos arremessados para fora do plano imanente da vida, no qual a vida se relaciona consigo mesma em vez de se sujeitar a um fim extrínseco.

A política moderna é caracterizada pela emancipação da ordem transcendente, ou seja, das premissas fundamentadas na religião. Uma política, uma politização completa da sociedade, só seria possível na Modernidade, na qual os recursos transcendentes de fundamentação já não têm nenhuma validade. Assim, as normas de ação poderiam ser livremente negociáveis. A transcendência cederia lugar ao *discurso imanente à sociedade*. Logo, a própria sociedade teria que se erguer uma vez mais a partir de sua *imanência*. Entretanto, essa liberdade é novamente abandonada no momento em que o capital ascende a uma *nova transcendência*, a um *novo senhor*. Com isso, a política acaba se convertendo novamente em servidão: se torna serva do capital.

Queremos ser realmente livres? Acaso não inventamos Deus para não termos que ser livres? Diante de Deus, estamos sempre em dívida, somos sempre culpados.[6] Mas a culpa (*Schuld*) destrói a liberdade. Os políticos de

---

6 O substantivo alemão *Schuld* significa tanto «culpa» quanto «dívida». De forma análoga, seu adjetivo derivado *schuldig* pode ser traduzido tanto como culpado ou endividado. Essa ambiguidade do termo é explorada por Han em sua comparação entre o capitalismo e a religião. [N. T.]

hoje responsabilizam o endividamento elevado (*Verschuldung*) pela extrema limitação de sua liberdade de ação. Se não temos dívidas (*schuldenfrei*), ou seja, se somos completamente livres, precisamos *agir* seriamente. Talvez nos endividemos permanentemente para que não precisemos agir, ou seja, para não sermos *livres*, para não termos que assumir *responsabilidades*. As dívidas elevadas não seriam a prova de que ainda não conseguimos ser livres? Não seria o capital um *novo deus*, que nos torna novamente devedores? Walter Benjamin concebe o capitalismo como uma religião. É o «primeiro caso de culto não expiatório, mas culpabilizador». Já que não existe nenhuma possibilidade de quitar as dívidas, o estado da falta de liberdade se perpetua: «Uma monstruosa consciência de culpa que não sabe como expiar lança mão do culto não para expiar essa culpa, mas para torná-la universal».[7]

A ditadura da transparência

No início, a rede digital foi celebrada como um *medium* de liberdade ilimitada. O primeiro slogan publicitário da Microsoft, «Aonde você quer ir hoje?», sugeria uma liberdade e uma mobilidade sem fronteiras na internet. Hoje, essa euforia já se mostrou uma ilusão. A liberdade e a comunicação ilimitadas se transformaram em monitoramento e controle total. Cada vez mais as mídias sociais se assemelham a pan-ópticos digitais que observam e exploram impiedosamente o social. Mal nos livramos do pan-óptico disciplinar e já encontramos um novo e ainda mais eficiente.

7   Walter Benjamin. *Capitalismo e religião*. Trad. de Nélio Schneider. São Paulo: Boitempo, 2013, p. 22.

Com fins disciplinares, os internos do pan-óptico benthaminiano eram isolados uns dos outros, de modo que não conversassem. Os internos do pan-óptico digital, por sua vez, comunicam-se intensivamente e expõem-se por vontade própria. *Participam* assim, ativamente, da construção do pan-óptico digital. A sociedade digital de controle faz uso intensivo da liberdade. Ela só é possível graças à auto revelação e à autoexposição voluntárias. O Grande Irmão digital *repassa*, por assim dizer, seu trabalho aos internos. Assim, a entrega dos dados não acontece por coação, mas a partir de uma necessidade interna. Aí reside a eficiência do pan-óptico digital.

A transparência também é reivindicada em nome da liberdade de informação. Na verdade, ela não é nada mais do que um *dispositivo neoliberal*. Ela vira tudo violentamente para fora, para que possa produzir *informação*. Nos modos atuais de produção imaterial, mais informação e mais comunicação significam mais produtividade, aceleração e crescimento. A informação é uma positividade que, por carecer de interioridade, pode *circular independente do contexto*. Isso permite que a circulação de informações seja acelerada à vontade.

O segredo, o estranhamento ou a alteridade representam barreiras à comunicação ilimitada. Por isso, em nome da transparência, devem ser desmontados. A comunicação sofre uma aceleração quando se aplaina, isto é, quando todos os limiares, os muros e os abismos são eliminados. As pessoas também são «desinteriorizadas», porque a interioridade atrapalha e retarda a comunicação. Contudo, a desinteriorização da pessoa não acontece de forma violenta, mas sim como exposição voluntária de si mesmo. A negatividade da alteridade ou do estranhamento se transforma na positividade da diferença ou da diversidade comunicáveis, consumíveis. O dispositivo da transparência obriga a uma exterioridade total com o objetivo de acelerar a circulação de informação e comunicação. No final, a abertura serve à comunicação sem limites, que é oposta ao fechamento, à reserva e à interioridade.

Uma conformidade total é outra consequência do dispositivo da transparência. A supressão de divergências faz parte da economia da transparência. A conexão e a comunicação totais já possuem *em si* um efeito nivelador. Geram um efeito de conformidade, como *se cada um vigiasse o outro* até mesmo *antes* de qualquer vigilância e controle através de serviços secretos. O que ocorre hoje é uma vigilância sem vigilância. A comunicação é aplainada como que por moderadores invisíveis e rebaixada à condição de consenso. Essa vigilância *primária* e *intrínseca* é muito mais problemática do que a vigilância *secundária* e *extrínseca* dos serviços secretos.

O neoliberalismo transforma o cidadão em consumidor. A liberdade do cidadão cede diante da passividade do consumidor. Atualmente, o eleitor enquanto consumidor não tem nenhum interesse real pela política, pela formação ativa da comunidade. Não está disposto a um comum agir político, tampouco é capacitado para tal. O eleitor *apenas reage de forma passiva* à política, criticando, reclamando, exatamente como faz o consumidor diante de um produto ou de um serviço de que não gosta. Os políticos e os partidos seguem a mesma lógica do consumo. Eles têm que *fornecer*. Com isso, degradam-se a *fornecedores*, que têm que satisfazer os eleitores como consumidores ou clientes.

A *transparência* que hoje se exige dos políticos é tudo menos uma demanda *política*. Não se reivindica a transparência para os processos *políticos* de decisão, nos quais nenhum consumidor está interessado. O imperativo da transparência serve, acima de tudo, para desmascarar ou expor a classe dos políticos, para transformar indivíduos em objeto de escândalo. A reivindicação por transparência pressupõe a posição de um espectador a ser escandalizado. Não é uma demanda de um cidadão engajado, mas de um espectador passivo. A participação ocorre em forma de reclamação e queixa. Povoada por espectadores e consumidores, a sociedade da transparência funda uma *democracia de espectadores.*

A autodeterminação informacional é uma parte essencial da liberdade. Já na deliberação do Tribunal Constitucional Federal da Alemanha sobre o censo nacional em 1984, lê-se:

O direito à autodeterminação informativa não seria compatível com uma ordem social e seu respectivo sistema legal nos quais, aos cidadãos, não lhes fosse permitido saber quem, o que, quando e sob quais circunstâncias se obtém alguma informação a seu respeito.

No entanto, isso foi num momento em que se acreditava que era necessário confrontar o Estado como instância de dominação que arrancava dados dos cidadãos contra a vontade deles. Essa época passou há muito tempo. Hoje nos expomos voluntariamente sem qualquer coerção, sem qualquer decreto. Colocamos na rede todo tipo de dados e informações pessoais, sem avaliar as consequências. Esse caráter incontrolável representa uma gravíssima crise da liberdade.

Tendo em vista a quantidade de informação que se lança voluntariamente na rede, o próprio conceito de proteção de dados se torna obsoleto.

Hoje, caminhamos para a era da psicopolítica digital, que avança da vigilância passiva ao controle ativo, empurrando-nos, assim, para uma nova crise da liberdade: até a vontade própria é atingida. Os *big data* são um instrumento psicopolítico muito eficiente, que permite alcançar um conhecimento abrangente sobre as dinâmicas da comunicação social. Trata-se de um *conhecimento de dominação* que permite intervir na psique e que pode influenciá-la em um nível pré-reflexivo.

A abertura do futuro é constitutiva para a liberdade de ação. Contudo, os *big data* tornam possíveis prognósticos sobre o comportamento humano. Dessa maneira, o futuro se torna previsível e controlável. A psicopolítica digital transforma a negatividade da decisão livre na *positividade de um estado de coisas*. A própria *pessoa* se positiviza em *coisa*, que é quantificável, mensurável e controlável. Nenhuma coisa porém é livre: todavia, é *mais transparente* do que uma pessoa. Os *big data* anunciam o fim da pessoa e do livre-arbítrio.

Cada dispositivo, cada técnica de dominação, produz seus próprios objetos de devoção, que são empregados para a submissão, *materializando* e estabilizando a dominação.

Devoto significa submisso. O *smartphone* é um objeto digital de devoção. Mais ainda, é o *objeto de devoção do digital* por excelência. Como aparato de subjetivação, funciona como o rosário, e a comparação pode ser estendida ao seu manuseio. Ambos envolvem autocontrole e exame de si. A dominação aumenta sua eficiência na medida em que delega a vigilância a cada um dos indivíduos. O *curtir* é o amém digital. Quando clicamos nele, subordinamo-nos ao contexto de dominação. O *smartphone* não é apenas um aparelho de monitoramento eficaz, mas também um confessionário móvel. O Facebook é a igreja ou a sinagoga (que literalmente significa «assembleia») do digital.

O poder tem formas de manifestação bem diferentes. A mais direta e imediata se expressa como negação da liberdade. Ela habilita os poderosos a impor sua vontade, por meio da violência contra a vontade daqueles submetidos ao poder. Contudo, o poder não se limita a quebrar a resistência e compelir à obediência: não tem que necessariamente assumir a forma de uma coerção. O poder que depende da violência não representa o poder máximo: o simples fato de que uma vontade contrária surja e se oponha àquele que o detém é a prova da fraqueza do seu poder. O poder está precisamente onde não é posto em evidência. Quanto maior é o poder, *mais silenciosamente* atua. Ele *se dá* sem ter que apontar ruidosamente para si mesmo.

O poder pode se expressar como violência ou repressão, mas não se *baseia* nisso. Não é necessariamente excludente, proibitivo ou censor. E não se opõe à liberdade: pode até mesmo usá-la. Apenas em sua forma negativa é que o poder se manifesta como violência negadora que verga as vontades e nega a liberdade. Hoje, o poder assume cada vez mais uma forma *permissiva*. Em sua permissividade, ou melhor, em sua *afabilidade*, o poder põe de lado sua negatividade e se passa por liberdade.

O poder disciplinar ainda está completamente dominado pela negatividade. Ele se articula de forma *inibitória*, não *permissiva*. Devido à sua negatividade, não pode descrever o regime neoliberal que reluz na positividade. A técnica de poder do regime neoliberal assume uma forma sutil, flexível e inteligente, escapando a qualquer visibilidade. O sujeito submisso não é nunca consciente de sua submissão. O contexto de dominação permanece inacessível a ele. É assim que ele se sente em liberdade.

Ineficiente é todo poder disciplinar que, com grande esforço, aperta violentamente as pessoas com um espartilho de ordens e proibições. Muito mais eficiente é a técnica de poder que faz com que as pessoas se submetam ao contexto de dominação *por si mesmas*. Essa técnica busca ativar, motivar e otimizar, não obstruir ou oprimir. A particularidade da sua eficiência está no fato de que não age através da proibição e da suspensão, mas através do agrado e da satisfação. Em vez de tornar as pessoas *obedientes*, tenta deixá-las *dependentes*.

O poder inteligente e amigável não age frontalmente contra a vontade dos sujeitos subjugados, controlando suas vontades em seu próprio benefício. É mais afirmador que negador, mais sedutor que repressor. Ele se esforça em produzir emoções positivas e explorá-las. *Seduz*, em vez de proibir. Em vez de ir contra o sujeito, vai ao seu encontro.

O poder inteligente se plasma à psique, em vez de discipliná-la e submetê-la a coações e proibições. Não nos impõe nenhum silêncio. Ao contrário, ele nos convida a compartilhar incessantemente, participando, dando opiniões, comunicando necessidades, desejos e preferências, contando sobre nossa própria vida. Esse poder *afável* é, por assim dizer, *mais poderoso* do que o repressor. Ele escapa a toda visibilidade. A atual crise da liberdade consiste em estar diante de uma técnica de poder que não rejeita ou oprime a liberdade, mas a explora. A *livre* escolha é extinta em prol de uma livre seleção entre as ofertas disponíveis.

Com a aparência liberal e afável que estimula e seduz, o poder inteligente é mais efetivo do que qualquer um que ordene, ameace e prescreva. O *curtir* é seu signo: enquanto consumimos e comunicamos, ou melhor, enquanto clicamos *curtir*, nos submetemos ao contexto de dominação. O neoliberalismo é o *capitalismo* do *curtir*. Ele se diferencia fundamentalmente do capitalismo do século XIX, que operava com coações e proibições disciplinares.

O poder inteligente lê e avalia nossos pensamentos conscientes e inconscientes. Baseia-se na auto-organização e na otimização pessoal voluntárias. Assim, não precisa superar nenhuma resistência. Essa dominação não necessita de nenhum grande esforço, de nenhuma violência, porque simplesmente *acontece*. Deseja dominar buscando agradar e gerando dependência. Assim, o seguinte aviso é inerente ao capitalismo do *curtir*: «Proteja-me do que quero».

A sociedade disciplinar é constituída por ambientes e instalações de confinamento. Família, escola, prisão, quartel, hospital e fábrica representam esses espaços disciplinares de reclusão. O sujeito disciplinar passa de um meio de confinamento a outro. Ele se movimenta, portanto, em um *sistema fechado*. Os internos de um ambiente de confinamento podem ser distribuídos no espaço e ordenados no tempo. A *toupeira* é o animal da sociedade disciplinar.

Em seu «Post-scriptum sobre as sociedades de controle», Deleuze diagnostica uma crise geral de todos os ambientes de reclusão.[8] Seu fechamento e sua rigidez, no entanto, não são apropriados para formas de produção pós-industriais, imateriais e em rede, que insistem em mais abertura e dissolução de fronteiras. A toupeira, entretanto, não pode tolerar essa abertura. Em seu lugar assume a serpente, o animal da sociedade neoliberal do controle, que sucede a sociedade disciplinar. Ao contrário da toupeira, a serpente não se movimenta em espaços fechados; *é a partir do movimento que abre espaço*. A toupeira é *trabalhadora*. A cobra, por sua vez, é *empreendedora*. É o animal do regime neoliberal. A toupeira se move em espaços pré-instalados, e por isso se submete a restrições. É um *sujeito* submisso. A serpente é um *projeto*, na medida em que cria espaço a partir de movimento.

A passagem da toupeira para a serpente, do sujeito ao projeto, não é uma irrupção para uma forma de vida completamente diferente,

8 Gilles Deleuze. «Post-scriptum sobre a sociedade de controle». In: *Conversações, 1972-1990*. Trad. de Peter Pál Pelbart. São Paulo: Ed. 34, 1992, pp. 219-26.

mas uma mutação, um agravamento do próprio capitalismo. A reduzida capacidade de movimento da toupeira coloca limites à produtividade. Mesmo que trabalhe com disciplina, ela não pode ir além de determinado nível de produtividade. A serpente anula essas limitações através de novas formas de movimento. Assim, o sistema capitalista passa do modelo-toupeira para o modelo-serpente, aumentando a produtividade.

De acordo com Deleuze, o regime disciplinar se organiza como «corpo». É um regime biopolítico. Por sua vez, o regime neoliberal se comporta como «alma».[9] Desse modo, a *psicopolítica* é sua forma de governo. Ela «introduz o tempo todo uma rivalidade inexpiável como sã emulação, [como] excelente motivação». A motivação, o projeto, a competição, a otimização e a iniciativa são inerentes à técnica psicopolítica de dominação do regime neoliberal. A serpente encarna acima de tudo a culpa (*Schuld*), as dívidas (*Schulden*), que o regime neoliberal emprega como meio de dominação.

---

9 Ibid., p. 221.

Segundo Foucault, desde o século XVII o poder já não se manifesta como poder de morte nas mãos de um soberano semelhante a Deus, e sim como poder disciplinar. O poder soberano é o poder da espada, que ameaça com a morte. Toma para si «o privilégio de se apoderar da vida para suprimi-la».[10] O poder disciplinar, ao contrário, não é um poder de morte, mas um poder de vida, cuja função já não é matar, mas sim afirmar completamente a vida.[11] A antiga potência de decidir sobre a morte cede lugar a uma cuidadosa «administração dos corpos» e à «gestão calculista da vida».[12] A passagem do poder soberano ao poder disciplinar se deve à alteração das formas de produção; mais precisamente, da passagem da produção agrária à industrial. O avanço da industrialização torna necessário disciplinar o corpo e adaptá-lo à produção mecânica. Em vez de torturar o corpo, o poder disciplinar o insere em um sistema de normas. Uma coerção calculada perpassa todas as partes do corpo até a automação dos hábitos e a transformação do corpo em uma máquina de produção. Uma «ortopedia concertada»[13] forma uma «máquina» a partir de uma «massa informe». De acordo com Foucault, disciplinas são

métodos que permitem o controle minucioso das operações do corpo, que realizam a sujeição constante de suas forças e lhes impõem uma relação de docilidade-utilidade.[14]

---

10 Michel Foucault. *História da sexualidade. Livro I: A vontade de saber.* 17. ed. v. 1. Trad. de Maria Thereza da Costa Albuquerque e J. A. Guilhon Albuquerque. Rio de Janeiro: Graal, 2006, p. 148.
11 Ibid., p. 152.
12 Id.
13 Michel Foucault. *Vigiar e punir: Nascimento da prisão.* Trad. de Raquel Ramalhete. 20. ed. Petrópolis: Vozes, 1999, p. 107.
14 Ibid., p. 118

O poder disciplinar é um poder normativo que submete o sujeito a um conjunto de regras, obrigações e proibições, eliminando desvios e anomalias. A *negatividade do adestramento* é constitutiva para o poder disciplinar e nisso se parece ao poder soberano, que tem como base a negatividade da *absorção*. Tanto o poder soberano quanto o poder disciplinar colocam em ato uma exploração que produz o sujeito da obediência.

A técnica disciplinar passa da esfera corpórea àquela mental. O termo inglês *industry* (indústria) significa também «esforço». A locução *industrial school* pode significar casa de correção. Bentham também sugere que seu pan-óptico melhoraria moralmente os internos. Contudo, a *psique* não está no foco do poder disciplinar. A técnica *ortopédica* do poder disciplinar é muito grosseira para penetrar nas camadas mais profundas da psique — com seus desejos ocultos, suas necessidades e seus anseios — e apoderar-se deles. Também o Grande Irmão de Bentham observa seus internos apenas de fora. Seu pan-óptico está ligado ao *medium* óptico. Não tem *nenhum acesso a pensamentos ou necessidades íntimas*.

O poder disciplinar descobre a «população» como massa de produção e reprodução que deve ser administrada meticulosamente. A biopolítica se ocupa dele. A reprodução, as taxas de natalidade e mortalidade, a qualidade da saúde e a estimativa de vida se tornam objeto de controles regulatórios. Foucault fala expressamente da «*biopolítica da população*».[15] A biopolítica é a técnica de governança da sociedade disciplinar, mas é totalmente inadequada para o regime neoliberal, que, antes de tudo, explora a *psique*. A biopolítica, que usa as estatísticas demográficas, não possui

15 Foucault, *História da sexualidade*, op. cit., livro 1, p. 152.

acesso ao psíquico. Ela não fornece um *psicograma* da população. A demografia não é uma psicografia; não explora a psique. Aí reside a diferença entre a estatística e o *big data*. A partir do *big data* é possível extrair não apenas o psicograma individual, mas o *psicograma coletivo*, e quem sabe até o *psicograma do inconsciente*. Isso permitiria expor e explorar a psique até o inconsciente.

Após *Vigiar e punir*, Foucault claramente se deu conta de que a sociedade disciplinar não refletia de forma exata seu tempo. Assim, no final da década de 1970, ele se dedicou à análise das formas de governo neoliberais. O problema, contudo, foi que permaneceu ligado tanto ao conceito de população quanto ao de biopolítica:

> Só depois que soubermos o que era esse regime governamental chamado liberalismo é que poderemos, parece-me, apreender o que é a biopolítica.[16]

No decorrer do curso dado no Collège de France, Foucault não menciona mais a biopolítica. Tampouco fala sobre o conceito de população. Aparentemente, ainda não lhe parecia claro que a biopolítica e a população, como categorias genuínas da sociedade disciplinar, não são adequadas para descrever o regime neoliberal. Logo, não realiza a virada para a *psicopolítica* que teria sido necessária.[17] Em seu curso de 1978-9, portanto, Foucault não chega à análise da biopolítica neoliberal. Ele até se mostra autocrítico a esse respeito, sem ter, contudo, reconhecido o verdadeiro problema:

16 Michel Foucault. *Nascimento da biopolítica*. Trad. de Eduardo Brandão. São Paulo: Martins Fontes, 2008, p. 30.

17 Em sua monografia *Psychopolitik*, Alexandra Rau define, de maneira problemática, a psicopolítica do regime neoliberal como forma de governo biopolítica: «Se, portanto, a psicotécnica pode ser atribuída à sociedade disciplinar sob a perspectiva da teoria do poder, em contrapartida eu gostaria de considerar a 'psicopolítica' como um modo de governo biopolítico» (Alexandra Rau. *Psychopolitik: Macht, Subjekt und Arbeit in der neoliberalen Gesellschaft*. Frankfurt: Campus, 2010, p. 298). Também é problemática a tentativa de Thomas Lemke de interpretar biopoliticamente o regime neoliberal Cf. Thomas Lemke (Org.). *Gouvernementalität der Gegenwart: Studien zur Ökonomisierung des Sozialen*. Frankfurt: Suhrkamp, 2000.

Gostaria de lhes garantir que, apesar de tudo, eu tinha a intenção, no começo, de lhes falar de biopolítica, mas, sendo as coisas como são, acabei me alongando, me alongando talvez demais, sobre o neoliberalismo.[18]

Na introdução do seu *Homo sacer*, Agamben exprime esta convicção:

A morte impediu que Foucault desenvolvesse todas as implicações do conceito de biopolítica e mostrasse em que sentido teria aprofundado ulteriormente a sua investigação.[19]

No entanto, diferentemente da hipótese de Agamben, a morte prematura de Foucault, se muito, privou-lhe da possibilidade de repensar sua ideia de biopolítica e abandoná-la em favor de uma psicopolítica neoliberal. Tampouco a análise agambeniana sobre a dominação fornece acesso às técnicas de poder do regime neoliberal. Os *homines sacri* de hoje não são mais os excluídos, mas os *incluídos no sistema*.

Foucault vincula expressamente a biopolítica à forma disciplinar do capitalismo, que, em sua forma produtiva, socializa o *corpo*: «Foi no biológico, no somático, no corporal que, antes de tudo, investiu a sociedade capitalista. O corpo é uma realidade biopolítica».[20] Assim, a biopolítica está fundamentalmente associada ao biológico e ao corporal. Em última instância, trata-se de uma *política dos corpos* em sentido amplo. O neoliberalismo como forma de evolução ou mesmo como mutação do capitalismo não se preocupa primariamente com o «biológico, o somático, o corporal».

18 Foucault, *O nascimento da biopolítica*, op. cit., p. 257.
19 Giorgio Agamben. *Homo sacer: O poder soberano e a vida nua*. v. 1. Trad. de Henrique Burigo. Belo Horizonte: UFMG, 2002, p. 12.
20 Michel Foucault. «O nascimento da medicina social». In: *Microfísica do poder*. Trad. Roberto Machado. Rio de Janeiro: Graal, 1979, p. 80.

Antes, descobre a *psique* como força produtiva. A *virada para a psique* e, em consequência, para a *psicopolítica*, também está relacionada à forma de produção do capitalismo atual, pois ele é determinado por modos imateriais e incorpóreos. São produzidos objetos intangíveis, como informações e programas. O corpo como força produtiva não é mais tão central como na sociedade disciplinar biopolítica. Em vez de *superar* resistências corporais, processos psíquicos e mentais são *otimizados* para o aumento da produtividade. O disciplinamento corporal dá lugar à otimização mental. Assim, o *neuroenhancement*[21] se diferencia fundamentalmente das técnicas psiquiátricas disciplinares. Hoje, o corpo é liberado do processo imediato de produção e se torna um objeto de otimização estética ou técnico-sanitária. Logo, a intervenção *ortopédica* dá lugar à *estética*. O «corpo dócil» proposto por Foucault já não tem lugar no processo de produção. A ortopedia disciplinar é substituída pelas cirurgias plásticas e academias. Todavia, a otimização corporal significa muito mais do que mera prática *estética*. Os termos *sexy* e *fitness* tornam-se recursos econômicos que devem ser multiplicados, comercializados e explorados.

Bernard Stiegler reconhece, com razão, que o conceito foucaultiano de biopoder já não é apropriado ao nosso tempo:

---

21 «*Neuro-enhancement*» descreve o aumento do rendimento psíquico por meio de psicotrópicos. [N. T.]

Tenho a impressão de que o biopoder, que Foucault descreveu de forma tão convincente num sentido histórico e geográfico, em relação à Europa, não é o mesmo poder que marca nossa época atual.[22]

De acordo com Stiegler, no lugar do biopoder entrariam as «psicotecnologias do psicopoder», dentre as quais, entretanto, ele inclui a «indústria telecrática», que produz programas, como a televisão, que nos colocaria sob a tutela de um consumismo impulsivo e conduziria à regressão da massa. A essa psicotécnica ele opõe as técnicas da escrita e da leitura. De acordo com Stiegler, o meio da escrita remete ao Iluminismo. Ele se reporta, assim, a Kant: «De fato, o próprio Kant parte de um dispositivo de leitura e escrita como o fundamento da maioridade».[23] É problemático o peso excessivo que Stiegler dá à televisão. Ele a eleva a aparelho psicotécnico por excelência:

Rádio, internet, celulares, iPods, computadores, videogames e palmtops competem por nossa atenção, mas ainda é a televisão que domina o influxo de informações.[24]

Entretanto, o antiquado esquema crítico-cultural de leitura e escrita em contraposição à TV não faz justiça à revolução digital. Estranhamente, Stiegler pouco se preocupa com as mídias digitais de fato, como a internet, as redes sociais e sua estrutura de comunicação, que diferem fundamentalmente dos antigos meios de comunicação de massa. Sua estrutura pan-óptica quase não é notada. Assim, ele negligencia por completo a psicopolítica neoliberal, que se serve massivamente da tecnologia digital.

---

22 Bernard Stiegler. *Von der Biopolitik zur Psychomacht.* Frankfurt: Suhrkamp, 2009, p. 49.
23 Ibid., p. 141.
24 Ibid., p. 135.

No início dos anos 1980, Foucault se dedica às «técnicas de si», definindo-as como

> práticas refletidas e voluntárias através das quais os homens não somente se fixam regras de conduta, como também procuram se transformar, modificar-se em seu ser singular e fazer de sua vida uma obra que seja portadora de certos valores estéticos e responda a certos critérios de estilo.[25]

Foucault desenvolve uma ética de si historicamente fundada e, em grande medida, desvinculada das técnicas de poder e de dominação. Por isso, admite-se com frequência que ele empreende uma ética de si que se opõe à técnica de poder e de dominação. O próprio Foucault menciona a passagem das tecnologias do poder para as tecnologias de si mesmo:

> Talvez tenha insistido demais no tema da tecnologia de dominação e poder. Estou cada vez mais interessado na interação entre si e os outros, bem como nas tecnologias de dominação individual, a história do modo em que um indivíduo age sobre si mesmo, isto é, na tecnologia do eu.[26]

25 Michel Foucault. *História da sexualidade*. Livro. 2: O uso dos prazeres. 8 ed. Trad. Maria Thereza da Costa Albuquerque. Rio de Janeiro: Graal, 1998, p. 14.
26 Michel Foucault. *Tecnologías del yo y otros textos afines*. Barcelona: Paidós, 1990, p. 61.

A técnica de poder do regime neoliberal forma o ponto cego da analítica do poder de Foucault. Ele não reconhece que *o regime neoliberal de dominação se apropria completamente das tecnologias do eu*, nem que a otimização permanente de si como técnica de si neoliberal não seja nada mais do que uma forma eficiente de dominação e exploração.[27] O sujeito neoliberal de desempenho como «empresário de si mesmo»[28] explora-se voluntária e apaixonadamente. Fazer de si uma obra de arte é uma aparência bela e enganosa que o regime neoliberal mantém para explorá-lo por inteiro. A técnica de poder do regime neoliberal assume uma forma sutil. Não se apodera do indivíduo de forma direta. Em vez disso, garante que o indivíduo, por si só, aja sobre si mesmo de forma que reproduza o contexto de dominação dentro de si e o interprete como liberdade. Aqui coincidem a otimização de si e a submissão, a liberdade e a exploração. Esse estreitamento entre liberdade e exploração na forma de exploração de si escapa ao pensamento de Foucault.

27 De fato, Foucault intuiu a inter-relação entre a tecnologia de si e a tecnologia do poder: «Penso que se alguém quiser analisar a genealogia do sujeito na civilização ocidental, deve levar em conta não só as técnicas de dominação, mas também as técnicas de si. Digamos desta forma: deve-se levar em consideração a interação entre esses dois tipos de técnicas — as técnicas de dominação e as técnicas de si. É preciso abordar os pontos em que as tecnologias de dominação de uns indivíduos sobre os outros recorrem aos processos pelos quais o indivíduo age sobre si mesmo. E, inversamente, é preciso levar em consideração os pontos em que as técnicas de si são integradas em estruturas de coerção ou dominação» (Foucault, «About the beginning of the hermeneutics of the self: Two lectures at Dartmouth». In: *Political Theory*, v. 21, n. 2, p. 203).
28 Foucault, *O nascimento da biopolítica*, op. cit., p. 311.

A psicopolítica neoliberal inventa formas de exploração cada vez mais refinadas. Inúmeros workshops de gestão pessoal, fins de semana motivacionais, seminários de desenvolvimento pessoal e treinamentos de inteligência emocional prometem a otimização pessoal e o aumento da eficiência sem limites. As pessoas são controladas pela técnica de dominação neoliberal que visa explorar não apenas a jornada de trabalho, mas a pessoa por completo, a atenção total, e até a própria vida. O *ser humano* é descoberto e tornado objeto de exploração.

O imperativo neoliberal de otimização pessoal serve apenas a um funcionamento perfeito do sistema. Bloqueios, debilidades e erros devem ser removidos terapeuticamente para melhorar a eficiência e o desempenho. Assim, tudo é comparável, mensurável e está sujeito à lógica do mercado. Nenhuma preocupação com a boa vida impulsiona a otimização pessoal. Sua necessidade resulta apenas de coerções sistêmicas a partir da lógica do sucesso mercantil quantificável.

A era da soberania é a era da absorção como privação, da subtração de bens e serviços. O poder soberano se exprime como direito de dispor e tomar. A sociedade disciplinar, ao contrário, aposta na produção. É uma era de ativa produção industrial de valor. Mas essa era na qual se realizava uma verdadeira criação de valor é passada. No capitalismo financeiro atual, os valores são radicalmente eliminados. O regime neoliberal introduz uma era do esgotamento. Hoje, explora-se a psique. Por isso, esta nova era é acompanhada de doenças mentais, como a depressão ou o *burnout*.

A palavra mágica da literatura norte-americana de autoajuda é «curar» (*healing*). Ela designa a otimização pessoal, *curando terapeuticamente* qualquer fraqueza funcional ou bloqueio mental em nome da eficiência e do desempenho. A otimização pessoal permanente, que coincide em sua totalidade com a otimização do sistema, é destrutiva. Ela conduz ao *colapso mental*. Mostra-se como a autoexploração total.

A ideologia neoliberal da otimização pessoal desenvolve características religiosas e até mesmo fanáticas; representa uma nova forma de subjetivação. O trabalho interminável no eu se assemelha à introspecção e ao exame de si protestantes, que, por sua vez, representam uma técnica de subjetivação e dominação. Em vez do pecado, procura-se por pensamentos negativos. O eu luta uma vez mais contra si mesmo como se lutasse contra um inimigo. Os pregadores evangélicos de hoje atuam como gerentes e treinadores motivacionais, que pregam o novo evangelho do desempenho e da otimização infinitos.

O ser humano não se submete inteiramente aos ditames da positividade. Sem a negatividade, a vida se atrofia até o «ser morto».[29] É próprio a negatividade que mantém viva a vida. A dor é constitutiva para a *experiência*. Uma vida que fosse constituída unicamente de emoções positivas e experiências máximas[30] não seria humana. É precisamente à negatividade a que o espírito humano deve sua profunda tensão:

29 Georg Wilhelm Friedrich Hegel. *Wissenschaft der Logik II: Auf der Grundlage der Werke von 1832-1845 neu edierte Ausgabe.* Frankfurt: Suhrkamp, 1969, p. 75.

30 Cf. Mihaly Csikszentmihalyi. *Psicologia da felicidade.* Trad. de Denise Maria Bolanho. São Paulo: Saraiva, 1992.

A tensão da alma na infelicidade, que lhe cultiva a força [...], sua inventividade e valentia no suportar, persistir, interpretar, utilizar a desventura, e o que só então lhe foi dado de mistério, profundidade, espírito, máscara, astúcia, grandeza — não lhe foi dado em meio ao sofrimento, sob a disciplina do grande sofrimento?[31]

O imperativo da otimização sem limites explora até mesmo a dor. O famoso treinador motivacional norte-americano Anthony Robbins escreveu:

Quando você estabelece uma meta, está assumindo um compromisso com a Melhoria Interminável e Constante! Você reconheceu a necessidade que têm todos os seres humanos de melhoria constante, sem fim. Existe uma força na pressão da insatisfação, na tensão do desconforto temporário. Esse é o tipo de dor que você *quer ter* em sua vida.[32]

É tolerada apenas a dor que possa ser explorada em favor da otimização.

Entretanto, tão destrutiva quanto a violência da negatividade é a violência da positividade.[33] A psicopolítica neoliberal, com a indústria da consciência, destrói a alma humana, que é tudo menos uma máquina positiva. O sujeito do regime neoliberal perece com o imperativo da otimização de si, ou seja, ele morre da obrigação de produzir cada vez mais desempenho. A cura se torna assassinato.

---

31 Friedrich Nietzsche. *Além do bem e do mal: Prelúdio a uma filosofia do futuro*. 2. ed. Trad. Paulo César de Souza. São Paulo: Companhia das Letras, 2003, p. 131.

32 Citado em Barbara Ehrenreich. *Sorria: Como a promoção incansável do pensamento positivo enfraqueceu a América*. Trad. Maria Lúcia de Oliveira. Rio de Janeiro: Record, 2013, p. 90.

33 Cf. Byung-Chul Han. *Topologie der Gewalt*. Berlim: Matthes & Seitz, 2011. Principalmente o capítulo «Gewalt der Positivität», pp. 118-27.

Um dos protagonistas do livro teórico-conspiratório *A doutrina do choque*, de Naomi Klein, é o «doutor do choque». Com essa expressão, ela se refere ao psiquiatra canadense dr. Ewen Cameron. Ele acreditava que, através da administração de choques elétricos, poderia erradicar o mal do cérebro humano e então produzir novas personalidades a partir dessa tábula rasa. Ele colocava seus pacientes em um estado caótico, que deveria ser a base para seu renascimento como cidadãos-modelo. Assim, concebia seus atos destrutivos como uma espécie de criação. A alma era entregue a um «apagamento» e a uma «regravação» violentos. Deveria, por assim dizer, ser reformatada e reescrita.

Cameron construiu um pan-óptico com câmaras de isolamento, nas quais realizou experimentos humanos extremamente cruéis, que se assemelhavam a câmaras de tortura. Inicialmente, os pacientes eram tratados com fortes choques elétricos ao longo de um mês, para apagar sua memória. Ao mesmo tempo, eram administradas drogas que alteravam a consciência. Suas mãos e seus braços eram colocados em tubos de papelão para impedir que eles tocassem os próprios corpos, e se preocupassem assim com a imagem de si. Posteriormente, Cameron privava os sentidos dos pacientes de estímulos, colocando-os num longo sono induzido com a ajuda de drogas. Eles só eram despertados para comer e defecar, permanecendo nessa condição por até trinta dias. A equipe do hospital era instruída a proibir os pacientes de conversar. O hospital era um pan-óptico muito mais cruel que o de Bentham.

As pesquisas de Cameron foram financiadas pela CIA e ocorreram durante a Guerra Fria. Cameron, um anticomunista fervoroso, acreditava participar da luta com seus experimentos. Ele comparava seus pacientes a prisioneiros de guerra comunistas sendo interrogados.[34] Suas práticas de fato se assemelhavam às técnicas de interrogatório. Suas pesquisas estavam ligadas à lavagem cerebral e à luta ideológica e eram baseadas em conceitos maniqueístas. O mal devia ser erradicado, eliminado e substituído pelo bem. A *negatividade* da defesa imunológica do outro determinava suas práticas. Cameron foi uma manifestação da *era imunológica*. O choque, enquanto intervenção imunológica, dirigia-se ao outro, ao estrangeiro, ao inimigo. Era preciso desarmá-lo para reescrever outra ideologia e narrativa em sua alma. O segundo protagonista de Naomi Klein, o segundo doutor do choque, se chama Milton Friedman, teólogo do mercado neoliberal. Naomi Klein estabelece uma analogia entre ambos. Para Milton Friedman, o estado social de choque pós-catástrofe é de fato uma oportunidade, na verdade o momento supremo, para a reprogramação neoliberal da sociedade. O regime neoliberal, portanto, opera com o choque; o choque apaga e esvazia a alma, tornando-a indefesa, de modo que o indivíduo se submete voluntariamente a uma reprogramação radical. Enquanto as pessoas ainda estão paralisadas, traumatizadas pela catástrofe, são submetidas à nova articulação neoliberal.

---

34 Naomi Klein. *A doutrina do choque: A ascensao do capitalismo de desastre*. Trad. de Vania Cury. Rio de Janeiro: Nova Fronteira, 2008, p. 53.

A missão de Friedman, tal qual a de Cameron, repousava no sonho de voltar a um estado de saúde «natural», quando tudo estava em equilíbrio, antes que as interferências humanas criassem padrões distorcidos. Enquanto Cameron sonhava em recuar a mente humana até aquele estágio primitivo, Friedman sonhava em desmontar os moldes das sociedades, fazendo-as retornar ao estado de capitalismo puro, livre de todas as interrupções — regulação governamental, barreiras comerciais e interesses entrincheirados. Na linha de Cameron, Friedman acreditava que uma economia altamente desvirtuada só conseguiria alcançar o estágio anterior aos deslizes por meio de choques dolorosos deliberadamente infligidos: somente os «remédios amargos» podiam eliminar as deturpações e os maus princípios.[35]

Com sua teoria do choque, Naomi Klein não consegue enxergar a verdadeira psicopolítica neoliberal em ato. A terapia de choque é uma técnica genuinamente disciplinar, e somente na sociedade disciplinar tais intervenções psiquiátricas violentas podem ser aplicadas. Elas pertencem às medidas coercitivas da biopolítica, que, como psicodisciplinas, são de caráter ortopédico. Por outro lado, a técnica de poder neoliberal não exerce nenhuma coerção disciplinar: a ação do eletrochoque difere fundamentalmente daquela da psicopolítica neoliberal. O eletrochoque deve sua eficácia à paralisia e à aniquilação dos conteúdos psíquicos. A *negatividade* é sua essência. Por sua vez, a psicopolítica neoliberal é dominada pela *positividade*. Em vez de usar ameaças negativas, ela trabalha com *estímulos positivos*. Não aplica nenhum «remédio amargo», e sim o *curtir*. Lisonjeia a alma em vez de estremecê-la e paralisá-la. Seduz a alma que a precede, em vez de se opor a ela. Registra cuidadosamente seus anseios, suas necessidades, seus desejos, em vez de «desgravá-los». Com a ajuda de prognósticos, antecipa-se às ações em vez de contrastá-las, atuando proativamente. A psicopolítica neoliberal é uma *política inteligente* que busca agradar em vez de oprimir.

35 Ibid., p. 74.

«Novafala» é o nome da língua ideal no Estado de vigilância criado por George Orwell em *1984*. Ela teria que suprimir integralmente a «velhafala», com o objetivo claro de reduzir a liberdade de pensamento. Ano após ano, o número de palavras diminui e a liberdade de consciência se torna menor. Syme, amigo do protagonista Winston, se entusiasma com a beleza da destruição das palavras. Os delitos de pensamento são impossibilitados, já que as palavras necessárias para tanto estão ausentes do vocabulário. Assim, o conceito de liberdade também é abolido. Próprio desse ponto de vista, o Estado de vigilância de Orwell se diferencia fundamentalmente do pan-óptico digital, que faz uso excessivo da liberdade. É a multiplicação de palavras a principal característica da sociedade da informação atual.

O romance de Orwell é dominado pelo espírito da Guerra Fria e pela hostilidade. O país em questão encontra-se em guerra permanente. Julia, a quem Winston ama, suspeita até que as bombas que caem diariamente sobre Londres são enviadas pelo próprio partido do Grande Irmão para manter o clima de terror. O «inimigo do povo» se chama Emmanuel Goldstein. Trata-se do comandante de uma rede subversiva e conspiradora que planeja a derrubada do governo. O Grande Irmão se encontra em uma guerra ideológica com ele. O programa *Dois Minutos de Ódio*, contrário a Goldstein, é transmitido diariamente na «teletela». O Ministério da Verdade, que está mais para «ministério da mentira», controla o passado e adequa tudo à nova ideologia. As psicotécnicas aplicadas no Estado de vigilância são lavagem cerebral com eletrochoque, privação de sono, isolamento, drogas e tortura física. O Ministério da Pujança (em novafala, Minipuja) cuida para que não haja bens de consumo suficientes, criando uma deficiência artificial.

Esse Estado de vigilância orwelliana, com suas teletelas e as suas câmaras de tortura, diferencia-se fundamentalmente do pan-óptico digital (com a internet, os smartphones e o Google glass), que é dominado pela aparência de liberdade e comunicação ilimitadas. Nesse pan-óptico não se é torturado, se é tuítado ou postado. Não há nenhum Ministério da Verdade. A transparência e a informação substituem a verdade. O novo objetivo do poder não consiste na administração do passado, mas no controle psicopolítico do futuro. A técnica de poder do regime neoliberal não é proibitiva, protetora ou repressiva, mas prospectiva, permissiva e projetiva. O consumo não se reprime, só se maximiza. É gerada não uma escassez, mas uma abundância, um excesso de positividade. Somos todos compelidos a comunicar e a consumir. O princípio de negatividade, que ainda define o Estado de vigilância de Orwell, cede lugar ao de positividade. As necessidades não são suprimidas, mas estimuladas. Em vez de confissões extorquidas, há exposição voluntária. O smartphone substitui a câmara de tortura. O Grande Irmão tem agora um rosto *amável*. A eficiência da sua vigilância está em sua *amabilidade*.

O Grande Irmão de Bentham é invisível, mas é onipresente na cabeça dos presos, que o internalizaram. No pan-óptico digital, por outro lado, ninguém se sente realmente vigiado ou ameaçado. Por isso o termo «Estado de vigilância» não é apropriado para caracterizá-lo. As pessoas se sentem livres, mas é exatamente essa *sensação de liberdade*, inexistente no Estado de vigilância de Orwell, que constitui um problema.

O pan-óptico digital faz uso de uma revelação voluntária por parte de seus internos. A autoexploração e a autoexposição seguem a mesma lógica. A liberdade é sempre explorada. Ao pan-óptico digital falta aquele Grande Irmão que arranca informações contra nossa vontade. Em vez disso, nós nos revelamos, expomo-nos por iniciativa própria.

O comercial da Apple transmitido durante o Super Bowl de 1984 tornou-se lendário. A empresa se apresentava como a libertadora do Estado de vigilância orwelliano. Em marcha, trabalhadores sem vontade e apáticos entram em um grande salão para ouvir o discurso fanático do Grande Irmão na teletela. Então uma mulher invade o lugar, perseguida pela Polícia das Ideias. Ela continua a correr sem vacilar, carregando um grande martelo diante de seus seios bamboleantes. Determinada, segue em direção ao Grande Irmão e joga o martelo com toda a força na teletela, que explode violentamente. As pessoas despertam de sua apatia e uma voz anuncia: «Em 24 de janeiro, a Apple Computer apresentará o Macintosh. E você verá porque 1984 não será como *1984*». Apesar da mensagem da Apple, o ano de 1984 não marca o fim do Estado vigilante, mas o início de um novo tipo de sociedade de controle, cuja eficácia excede em muito o Estado de vigilância orwelliano. A comunicação coincide inteiramente com o controle. Cada um é o pan-óptico de si mesmo.

O capitalismo da emoção

Hoje se fala em excesso de sentimento e emoção. Em muitas disciplinas se desenvolvem pesquisas sobre o aspecto emotivo. De repente, o ser humano não é mais um *animal rationale*, mas sim uma criatura sensível. Poucos, porém, se perguntam de onde vem esse súbito interesse pelas emoções: as pesquisas científicas sobre as emoções não refletem sobre o próprio agir. Ignoram que a conjuntura da emoção é uma consequência do processo econômico. Além disso, predomina uma confusão conceitual. Ora se fala de emoção, ora de sensação, ora de afeto.

O sentimento não é idêntico à emoção. Falamos, por exemplo, de sentimento linguístico (*Sprachgefühl*),[36] instinto da bola (*Ballegefühl*) ou de compaixão (*Mitgefühl*); não dizemos, por sua vez, emoções linguísticas, ou com-emoção. Tampouco existem um afeto linguístico ou um com-afeto. O luto também é um sentimento. Falar do afeto do luto ou de emoção do luto soa estranho. Tanto o afeto quanto a emoção representam algo meramente subjetivo, enquanto o sentimento indica algo objetivo.

O sentimento permite uma narração: tem uma duração ou uma profundidade narrativa. Nem o afeto nem a emoção são *narráveis*. A crise dos sentimentos, que pode ser observada no teatro atual, também é uma crise

36 O autor articula todo o capítulo em paralelismos linguísticos — impossíveis de serem reproduzidos de maneira fiel em português — baseados nas variantes do termo alemão *Gefühl*, que se tentou traduzir com «sentimento» ou afins (ver o primeiro exemplo: *Sprachgefühl*, «sentimento linguístico»; *Ballgefühl*, «instinto da bola»; *Mitgefühl*, «compaixão») e sobre a distinção desse termo da *Emotion* («emoção») e *Affekt* («afeto», no sentido de ser afetado sensivelmente por algo). [N. E.]

narrativa. Hoje, o teatro narrativo do sentimento cede lugar ao barulhento *teatro do afeto*. Por falta de narrativa, uma massa de afetos é levada ao palco. Ao contrário do sentimento, o afeto não abre nenhum *espaço*. Ele procura uma *via* linear para ser descarregado. O *medium* digital também é o meio do afeto. A comunicação digital favorece uma descarga *imediata* de afeto. Já por causa da sua temporalidade, a comunicação digital transporta mais afetos do que sentimentos. *Shitstorms* são correntes de afetos e são características da comunicação digital.

O sentimento é *constatativo*. Por isso se diz: «tenho o sentimento de *que...*». Não existe, por sua vez, um construto análogo para «afeto» ou «emoção». A emoção não é *constatativa*, mas *performativa*, remetendo a ações. Também é intencional e finalista. O sentimento não tem necessariamente uma estrutura intencional. A angústia, muitas vezes, não possui objeto concreto. Nesse sentido, difere-se do medo, que é estruturado pela intencionalidade. Tampouco o sentimento da língua é intencional. Sua não intencionalidade se diferencia de uma *expressão* linguística que é *expressiva*, ou seja, *emotiva*. Também é possível uma compaixão (*Mitgefühl*) cósmica, um sentimento oceânico do mundo (*Weltgefühl*) que não é dirigido a uma pessoa em particular. Nem a emoção nem o afeto alcançam a amplitude que caracteriza o sentimento. Eles são a expressão da subjetividade.

O sentimento também tem uma temporalidade diferente da emoção. Ele permite uma *duração*. As emoções são essencialmente mais fugazes e mais curtas do que os sentimentos. O afeto é muitas vezes limitado a um instante. Ao contrário do sentimento, a emoção não representa um *estado*. A emoção não *dura*. Não pode haver uma *emoção de tranquilidade,* mas é, sem dúvida, pensável como *sentimento de tranquilidade.* A expressão *estado emocional* soa assim paradoxal. A emoção é dinâmica, situacional e performativa. O capitalismo da emoção explora exatamente essas características. O sentimento, por outro lado, é difícil de ser explorado devido à sua falta de performatividade. Já o afeto é eruptivo. Falta-lhe *orientação performática.*

A *disposição (Stimmung)*[37] se distingue tanto do sentimento quanto da emoção. Ela possui até mais objetividade que o sentimento, já que um espaço pode ser disposto objetivamente de um ou de outro modo. Ela exprime um *ser assim.* As emoções, ao contrário, surgem precisamente no caso de desvios do ser assim. Um lugar, por exemplo, pode propagar uma disposição amigável. É algo bem objetivo. Uma emoção amigável ou um afeto amigável não existem. A disposição não é nem intencional nem performativa. É algo *em que alguém se encontra.* Representa um *estado de espírito.* Por isso, é *estática* e *constelativa,* enquanto a emoção é *dinâmica* e *performativa.* Não é o *de onde (Worin)* do estado de ânimo, mas o *para onde (Wohin)* que caracteriza a emoção. E o sentimento é constituído pelo *para que (Wofür).*

Em seu livro *Intimidades congeladas: as emoções no capitalismo,* Eva Illouz não dá nenhuma resposta à pergunta de por que os sentimentos passam por tal conjuntura na era do capitalismo. Além disso, ela justapõe os termos «sentimento» e «emoção» sem nenhuma diferenciação conceitual. E não faz muito sentido

---

37 O termo alemão *Stimmung,* que possui um vasto campo semântico, podendo ser também traduzido, por exemplo, como «afinação», «atmosfera», «humor», «ambiente» ou «estado de espírito». [N. T.]

colocar a questão dos sentimentos na época capitalista em seus primórdios:

A ética protestante de Weber contém no seu núcleo uma tese sobre o papel das emoções na ação econômica, pois é a angústia que provoca uma divindade inescrutável que está subjacente à atividade vertiginosa do empreendedor capitalista.[38]

«Angústia» como afeto é um conceito errôneo: ela é um sentimento, ao qual corresponde uma temporalidade que não é compatível com o afeto. O afeto não é um estado constante: falta-lhe a permanência que caracteriza o sentimento. É o constante sentimento de ansiedade que leva a uma atividade empresarial incansável. E o capitalismo que Weber analisa é um capitalismo ascético de acumulação, que segue a lógica racional, e não a emocional. Por isso, Weber não tem acesso ao capitalismo do consumo que capitaliza emoções. Significados e emoções também são vendidos e consumidos no capitalismo do consumo. Não é o valor de uso, mas o valor emotivo ou de culto que é constitutivo da economia do consumo. Illouz tampouco leva em conta o fato de que as emoções só ganham importância no capital da produção imaterial. Apenas recentemente a emoção se tornou um meio de produção. Além disso, Illouz atenta para o fato de que o núcleo da sociologia de Durkheim, a solidariedade, é um «feixe de emoções» que liga os atores sociais aos símbolos centrais da sociedade. Resumidamente, afirma que:

---

38 Eva Illouz. *Intimidades congeladas: Las emociones en el capitalismo.* Buenos Aires: Katz, 2007, p. 11.

Os relatos sociológicos canônicos da modernidade contêm, se não uma teoria desenvolvida das emoções, pelo menos numerosas referências a elas: ansiedade, amor, competitividade, indiferença, culpa; se nos esforçarmos para aprofundar as descrições históricas e sociológicas das rupturas que levaram à era moderna, podemos ver que todos esses elementos estão presentes na maioria delas.[39]

Essa enumeração de referências a várias teorias sociológicas sobre a emoção não explica de forma alguma a conjuntura *atual* da emoção. Além disso, Illouz não empreende nenhuma diferenciação conceitual entre sentimento, emoção e afeto. «Indiferença» e «culpa» não são afeto nem emoção. Só o *sentimento* (*Gefühl*) da culpa faria sentido.

Illouz claramente ignora que a conjuntura atual da emoção se deve, em última instância, ao neoliberalismo. O regime neoliberal emprega as emoções como recursos para alcançar mais produtividade e desempenho. A partir de certo nível de produção, a *racionalidade*, que representa o *medium* da sociedade disciplinar, atinge seus limites. Ela é percebida como uma restrição, uma inibição. De repente, a racionalidade atua de forma rígida e inflexível. Em seu lugar, entra em cena a *emocionalidade*, que está associada ao sentimento de liberdade que acompanha o livre desdobramento individual. Ser livre significa deixar as emoções correrem livres. O capitalismo da emoção faz uso da liberdade. A emoção é celebrada como expressão da subjetividade livre. A técnica neoliberal de poder explora essa subjetividade livre.

A objetividade, a universalidade e a estabilidade caracterizam a racionalidade. Logo, ela é oposta à emocionalidade, que é subjetiva, situacional e volátil. As emoções surgem, sobretudo, com a mudança de estado ou de percepção. A racionalidade, por outro lado, está

---

39 Ibid., p. 14.

associada à permanência, à constância e à regularidade. Prefere as relações estáveis. A economia neoliberal, que para aumentar a produtividade reduz cada vez mais a continuidade e instala a instabilidade, impulsiona a transformação emotiva do processo de produção. A aceleração da comunicação também favorece a transformação emotiva, porque a racionalidade é *mais lenta* que a emotividade. Em certo sentido, ela *não tem velocidade*. Por isso a pressão da aceleração leva a uma *ditadura da emoção*.

O capitalismo do consumo, além disso, introduz emoções para criar necessidades e estimular a compra. O *emotional design* molda emoções e padrões para maximizar o consumo. Hoje, em última análise, não consumimos coisas, mas emoções. Coisas não podem ser consumidas infinitamente, mas emoções sim. Emoções se desdobram para além do seu valor de uso. Assim, inaugura-se um novo e infinito campo de consumo.

Na sociedade disciplinar, cujo funcionamento está acima de tudo, as emoções representam em primeiro lugar um estorvo, portanto, devem ser erradicadas. A «ortopedia concertada» da sociedade disciplinar tem que formar uma máquina sem sentimentos (*gefühllos*) a partir de uma massa informe. As máquinas funcionam melhor quando emoções e sentimentos estão completamente desligados.

Não menos importante, a conjuntura atual da emoção se deve ao novo modo imaterial de produção, em que a interação comunicativa está se tornando cada vez mais importante. A demanda atual não é apenas por competência cognitiva, mas também emocional. Por causa desse desenvolvimento, a pessoa é inteiramente aplicada no processo de produção. Neste sentido, um pronunciamento de Daimler-Chrysler é ilustrativo:

Uma vez que o componente comportamental também desempenha um papel importante na prestação de serviços, a competência social e emocional do empregado é cada vez mais levada em consideração ao avaliar seus resultados.[40]

Agora se explora o social, a comunicação, até mesmo o próprio comportamento. Emoções são utilizadas como «matéria-prima» para otimizar a comunicação. A Hewlett-Packard é outro exemplo:

A HP é uma empresa que respira comunicação e tem um forte espírito de inter-relação, em que as pessoas se comunicam, em que se vai até o outro. É uma relação afetiva.[41]

Uma mudança de paradigma está em andamento no gerenciamento atual de empresas. As emoções se tornam cada vez mais importantes. No lugar do *management* racional, surge o *management emotivo*. O manager atual se despede do princípio do agir racional e se parece cada vez mais com um *treinador motivacional*. A motivação está ligada à emoção. A *moção* as une. As emoções positivas são o fermento para o aumento da motivação.

As emoções são performativas no sentido de que evocam certas ações: como *tendência*, representam a base energética ou mesmo sensível da ação. As emoções são controladas pelo sistema límbico, no qual também se assentam os impulsos. Eles formam o nível pré-reflexivo, semiconsciente e corporalmente impulsivo da ação, do qual frequentemente não se tem consciência de forma expressa. A psicopolítica neoliberal se ocupa da emoção *para influenciar ações sobre esse nível pré-reflexivo*. Através da emoção,

---

40 Citado em André Gorz. *Wissen, Wert und Kapital: Zur Kritik der Wissensökonomie.* Zurique: Rotpunktverlag, 2004, p. 20.
41 Citado em Eva Illouz, op. cit., p. 56.

as pessoas são profundamente atingidas. Assim, ela representa um meio muito eficiente de controle psicopolítico do indivíduo.

Para gerar mais produtividade, o capitalismo da emoção também se apropria do jogo, daquilo que seria, na verdade, o *outro do trabalho*. Ele «gamifica» o mundo do trabalho e da vida. O jogo emocionaliza e até dramatiza o trabalho, criando assim mais motivação. Através da rápida sensação de realização e do sistema de recompensas, o jogo gera mais desempenho e rendimento. O jogador com suas emoções está muito mais envolvido do que um trabalhador meramente funcional ou que atua apenas no nível racional.

Uma temporalidade especial é imanente ao jogo, caracterizado pela sensação de êxito e recompensas imediatas. O que tem que amadurecer lentamente não pode ser gamificado. O longo e o lento não são compatíveis com a temporalidade do game. Caçar, por exemplo, corresponde de certa maneira ao jogo, enquanto as atividades de um agricultor, dependentes do amadurecimento lento e do crescimento silencioso, escapam à gamificação. A vida não se deixa transformar completamente em caça.

A gamificação do trabalho explora o *homo ludens*, que se submete às relações de dominação *enquanto joga*. Com a lógica da gratificação por meio de «*likes*», «amigos» ou «seguidores», a comunicação social também está submetida à modalidade do jogo. A gamificação da comunicação é acompanhada de sua comercialização. Entretanto, a ludificação destrói a comunicação humana.

«Um cadáver domina a sociedade — o cadáver do trabalho.» Assim começa o *Manifesto contra o trabalho*, publicado pelo grupo Krisis, de Robert Kurz.[42] De acordo com ele, como

42 Disponível em português em <www.krisis.org/1999/manifesto-contra-o-trabalho>. [N. T.]

consequência da revolução microeletrônica, a produção de riqueza teria se desvinculado cada vez mais da aplicação do trabalho humano. Contudo, nunca antes como na nossa época pós-fordista, na qual o trabalho se tornava cada vez mais supérfluo, a sociedade é uma sociedade fundada no trabalho. O manifesto sugere que a própria esquerda política havia romantizado o trabalho, não somente elevando-o à essência do homem, mas o mistificando como suposto contraponto do capital. Para as forças políticas de esquerda não é o trabalho em si que escandaliza, apenas sua exploração pelo capital. Por isso o programa de todos os partidos operários seria sempre a libertação do trabalho, mas nunca a libertação *de* trabalho. Trabalho e capital, de acordo com o manifesto, seriam apenas dois lados da mesma moeda.

Apesar das enormes forças produtivas, não irrompe hoje nenhum «reino da liberdade», «onde cessa o trabalho determinado pela necessidade e pela adequação a finalidades externas».[43] Em última instância, Marx não abdica do *primado do trabalho*. Assim, «o aumento do tempo livre» como a «maior força produtiva» tem que retroagir «sobre a força produtiva do trabalho».[44] Com isso, o reino da necessidade coloniza o reino da liberdade. O «ócio como tempo para atividades mais elevadas» transforma seu possuidor em «outro sujeito», que possui mais força produtiva do que o sujeito que apenas trabalha. O tempo livre como «tempo para o desenvolvimento pleno do indivíduo» colabora para a «produção de *capital fixo*». Assim, o conhecimento é capitalizado. Para usar termos atuais, o aumento do tempo de ócio multiplica o

---

43 Karl Marx. *O capital: Crítica da Economia Política*. Livro 3: *O processo global de produção capitalista*, v. 2. Trad. de Regis Barbosa e Flávio R. Kothe. 2. ed. São Paulo: Nova Cultural, 1986, p. 273.

44 Marx, *Grundrisse*, op. cit., p. 570.

capital humano. O ócio, que possibilitaria uma atividade casual e sem finalidade, é tomado pelo capital.

Marx fala do «... *capital fixe being man himself*». O homem, com o seu «*general intellect*», transforma a si próprio em capital. Uma liberdade real, no entanto, só seria possível através de uma libertação total da vida em relação ao capital, ou seja, uma libertação de uma nova transcendência, que bloquearia o acesso à vida como *imanência*.

Contrariamente ao pressuposto de Marx, a dialética das forças produtivas e as relações de produção não conduzem à liberdade. Em vez disso, envolve-nos em uma nova relação de exploração. Assim, teríamos que pensar com Marx e para além de Marx para que possamos realmente nos apropriar da liberdade, ou melhor, do tempo livre. Ela só poderia ser esperada do Outro do trabalho, de uma força completamente diferente, que não fosse uma força produtiva e que não se deixasse transformar em força-trabalho, isto é, de uma *forma de vida* que não fosse mais nenhuma *forma de produção*, logo *algo totalmente improdutivo*. Nosso futuro dependerá de sermos capazes de *fazer uso do inutilizável* para além da produção.

O homem é uma criatura do luxo. Em seu sentido original, o «luxo» não é uma prática consumista, mas uma forma de vida que está livre da necessidade. A liberdade é baseada no desvio, no deslocar, na «luxação» da necessidade. O luxo transcende a intenção de virar necessidade. Atualmente, o luxo é monopolizado pelo consumo. O consumo excessivo é uma falta de liberdade, uma coerção que corresponde a essa falta de liberdade do trabalho. Assim como o jogo, o luxo enquanto liberdade só é imaginável para além do trabalho e do consumo. Visto dessa maneira, é adjacente ao ascetismo.

A verdadeira felicidade se deve ao extravagante, ao exuberante, ao abundante, ao esvaziado de sentido, ao excedente, ao supérfluo, ou seja, àquilo que desvia da necessidade, do trabalho, do desempenho, da finalidade. Hoje, no entanto, mesmo o excesso foi monopolizado pelo capital e, com isso, privado do seu potencial de emancipação. O jogo, que está desacoplado do processo de trabalho e de produção, também pertence ao luxo. A gamificação como meio de produção destrói o potencial emancipatório do jogo. O jogo possibilita um uso completamente diferente das coisas, capaz de livrá-las da teologia e da teleologia do capital.

Tempos atrás, uma ocorrência bastante incomum foi relatada na Grécia. Ela pareceu extraordinária exatamente porque ocorreu em um país que hoje sofre muito sob o jugo do capital. Trata-se de um acontecimento que possui um caráter eminentemente *simbólico*, que age como um *sinal do futuro*. Crianças teriam descoberto um enorme maço de notas de dinheiro em uma casa abandonada. Elas fizeram um uso totalmente diferente dessas notas. Elas brincavam com elas e as rasgavam em pedacinhos. Talvez essas crianças tenham antecipado nosso futuro: *o mundo está em ruínas*. Como aquelas crianças, brincamos em meio a elas com notas de dinheiro, rasgando-as «Profanação» significa restituir ao livre uso do ser humano aquilo que pertencia aos deuses e que por isso era proibido ao uso humano.[45] Aquelas crianças gregas *profanaram* o dinheiro na medida em que deram um uso completamente distinto a ele. De súbito, a profanação transforma o dinheiro, que atualmente é um fetiche, em um brinquedo profano.

45 Cf. Giorgio Agamben. *Profanações*. Trad. de Selvino José Assmann. São Paulo: Boitempo, 2007.

Agamben concebe a religião a partir do termo latino *relegere*. Ela signifca, portanto, estar atento, desperto, vigiar sobre as coisas que são sagradas e garantir que se mantenham separadas do restante. Essa separação é essencial para a religião. Profanação significa então praticar um *ato de negligência consciente* contra essa vigilância. Aquelas crianças gregas mostraram negligência simplesmente brincando com dinheiro. Portanto, a profanação é uma *prática da liberdade* que nos liberta da transcendência e de todas as formas de subjetivação. A profanação abre, assim, um *espaço de jogo da imanência*.

Existem dois modos de pensamento: o que trabalha e o que joga. Tanto o pensamento de Hegel como o de Marx é regido pelo princípio do trabalho. Da mesma maneira, *O ser e o tempo* de Heidegger também é devedor do trabalho. O «Dasein» em seu «cuidado» [*Sorge*] ou «angústia» [*Angst*] não joga. Somente o último Heidegger descobre o jogo com base na «serenidade». Assim, ele interpreta o próprio mundo como jogo. Ele investiga o «aberto de campo de jogo que mal pressentimos e que mal levamos em conta».[46] O «*espaço-de-jogo-temporal*» remete a um espaço-tempo livre de qualquer forma de trabalho. É um *espaço-acontecimento*, no qual a *psicologia* como meio de subjetivação é completamente superada.

---

46 Martin Heidegger. *As questões fundamentais da filosofia: Problemas seletos da lógica*. Trad. de Marco Antonio Casanova. São Paulo: WMF Martins Fontes, 2017, § 38ss.

Big data
O ovo de colombo

Bentham compara seu pan-óptico ao ovo de Colombo. Ele seria aplicado a todos os ambientes de confinamento disciplinares e possibilitaria um monitoramento muito mais eficiente dos internos.[47] Bentham acredita que seu pan-óptico representaria um corte dramático na ordem social:

> O que você diria se, pela gradual adoção e diversificada aplicação desse único princípio, visse um novo estado de coisas difundir-se pela sociedade civilizada?[48]

Os *big data* serão revelados o ovo de Colombo da sociedade de controle digital, muito mais eficientes do que o pan-óptico benthaminiano? Os *big data* serão realmente capazes não apenas de monitorar o comportamento humano, mas de sujeitá-lo a um controle psicopolítico? Distingue-se no horizonte da sociedade civilizada mais uma vez um drama totalmente inesperado?

Em todo caso, os *big data* tornam possível uma forma de controle muito eficiente. «Oferecemos uma visão em 360° dos seus clientes» é o slogan da empresa de *big data* norte-americana Acxiom. De fato, o pan-óptico digital oferece uma visão em 360° dos seus internos. O pan-óptico de Bentham está ligado à óptica perspectivista. Desse modo, são inevitáveis pontos cegos nos quais os prisioneiros podem perseguir seus pensamentos e desejos secretos sem serem notados.

A vigilância digital é mais eficiente porque é *aperspectivista*. Ela é livre

---

47 Jeremy Bentham. *O pan-óptico ou a casa de inspeção*. Trad. de Tomaz Tadeu. São Paulo: Autêntica, 2008, p. 66.
48 Ibid., p. 315.

de limitações perspectivistas que são características da óptica analógica. A óptica digital possibilita a vigilância a partir de qualquer ângulo. Assim, elimina pontos cegos. Em contraste com a óptica analógica e perspectivista, a óptica digital pode espiar até a psique.

Dataísmo

No *New York Times* David Brooks[49] anunciou uma revolução dos dados. Profeticamente, seu anúncio soou como *O fim da teoria*, de Chris Anderson.[50] O «dataísmo» traduz essa nova crença:

> Se você me pedisse para descrever a filosofia que está na ordem do dia, eu diria que é o dataísmo. Agora temos a capacidade de reunir enormes quantidades de dados. Essa capacidade parece levar consigo certa suposição cultural — de que tudo o que pode ser medido o deve ser; de que os dados são uma lente transparente e confiável que nos permite filtrar o emocional e a ideologia; de que vão nos ajudar a fazer coisas notáveis, como prever o futuro. [...] a revolução dos dados nos oferece um instrumento excepcional para entender o presente e o passado.[51]

O dataísmo surge com a ênfase em um *segundo Iluminismo*. No *primeiro Iluminismo*, acreditava-se que a *estatística* seria capaz de libertar o conhecimento do teor mitológico; por isso, a estatística foi festejada com euforia pelo primeiro Iluminismo. À luz da estatística, Voltaire almejava uma história que fosse separada da mitologia. De acordo com ele, a estatística seria um «objeto de curiosidade para quem quer ler a história como cidadão e como filósofo». Apenas a história que fosse reavaliada pela estatística seria filosófica:

---

49 Disponível em: <www.nytimes.com/2013/02/05/opinion/brooks-the-philosophy-of-data.html>.[N. T.]
50 Disponível em: <www.wired.com/2008/06/pb-theory>.[N. T.]
51 The New York Times, 4/2/2013.

Os números da estatística são o *fundamento* por meio do qual Voltaire pode articular sua desconfiança *metódica* contra cada história que existe apenas como narrativa, contra a *velha história*, que, para ele, beiram sempre o mitológico.[52]

Para Voltaire, estatística significa esclarecimento. À narrativa mitológica opõe-se o *conhecimento fundamentado conduzido por números*.

A *transparência* é a palavra-chave para o *segundo Iluminismo*. Os dados são um *medium* transparente: são, como também se pode ler no artigo do *New York Times*, uma «lente transparente e confiável». O imperativo do segundo Iluminismo é: tudo deve se tornar dados e informação. Esse totalitarismo ou fetichismo dos dados marca o segundo Iluminismo. O dataísmo, que acredita que qualquer ideologia pode ser deixada para trás, é em si mesmo uma ideologia: conduz a um *totalitarismo digital*. Assim, é necessário um *terceiro Iluminismo*, que nos ilumine mostrando que o Iluminismo digital se converte em servidão.

Os *big data* devem libertar o conhecimento da arbitrariedade subjetiva. A intuição não representa nenhuma forma de conhecimento superior: ela é algo meramente subjetivo, um recurso que compensa a falta de dados objetivos. De acordo com esse argumento, em uma situação complexa, a intuição é cega. Até mesmo a teoria cai sob suspeita de ser ideológica. Quando dados suficientes estiverem disponíveis, a teoria se torna dispensável. O segundo Iluminismo é o tempo do puro *conhecimento movido a dados*. Dito com a retórica profética de Chris Anderson:

---

52 Rüdiger Campe. *Das Spiel der Wahrscheinlichkeit: Literatur und Berechnung zwischen Pascal und Kleist*. Göttingen: Wallstein, 2002, p. 399.

Esqueça toda a teoria do comportamento humano, da linguística à sociologia. Esqueça a taxonomia, a ontologia e a psicologia. Quem sabe por que as pessoas fazem o que fazem? A questão é que fazem, e podemos rastrear e medir isso com uma fidelidade sem precedentes. Com dados suficientes, os números falam por si mesmos.[53]

O *medium* do primeiro Iluminismo é a razão. Em nome da razão foram suprimidos a imaginação, a corporalidade e o desejo. Uma dialética fatal do Iluminismo acaba por transformá-lo em barbárie. Essa mesma dialética ameaça o segundo Iluminismo, que recorre a informações, dados e transparência. O segundo Iluminismo produz uma nova forma de violência. A Dialética do Esclarecimento afirma que o Iluminismo, ao começar a destruir os mitos, foi se emaranhando cada vez mais em uma mitologia.: «A falsa clareza é apenas uma outra expressão do mito».[54] Adorno diria que a transparência também é uma outra expressão do mito e que o dataísmo promete uma falsa clareza. Essa mesma dialética transforma o segundo Iluminismo, que se opõe à ideologia, em uma ideologia e em uma *barbárie dos dados*.

O dataísmo se mostra como dataísmo digital. O dataísmo também renuncia a todo nexo de sentido. A linguagem é completamente esvaziada de seu significado:

---

53 *Wired*, 16/7/2008. Para o termo «dataísmo», cf. também *Trend Update*, v. X, Berlim, 2013.
54 Theodor W. Adorno e Marx Horckheimer. *Dialética do esclarecimento: Fragmentos filosóficos*. Trad. de Guido Antonio de Almeida. Rio de Janeiro: Zahar, 1985, p. 14.

Dataísmo é niilismo.[56] Ele renuncia inteiramente ao sentido. Dados e números são aditivos, não narrativos. O sentido, ao contrário, baseia-se na narração. Os dados preenchem o vazio do sentido.

Atualmente, os números e os dados não são apenas absolutizados, mas também sexualizados e fetichizados. O *Quantified Self*, autoconhecimento através dos números, é praticado, por exemplo, a partir de uma energia libidinosa. O dataísmo desenvolve características libidinais, chegando a traços pornográficos. Os *dataístas* copulam com dados. Assim, fala-se entrementes de «datassexuais». Eles seriam «implacavelmente digitais» e considerariam os dados «sexy».[57] O *digitus* se aproxima do *phallus*.

Quantified self

A crença na mensurabilidade e na quantificabilidade da vida domina toda a era digital. O *quantified self* também reverencia essa crença. O corpo é equipado com sensores que registram dados automaticamente. São medidos a temperatura corporal, os níveis de glicose no sangue, a ingestão e o consumo de calorias, os deslocamentos ou os níveis de gordura corporal. Durante a meditação os batimentos cardíacos são medidos. Até mesmo nos momentos de repouso o desempenho e a eficiência

55 Tristan Tzara. *Sieben Dada-Manifeste*. Hamburgo: Nautilus, 1976, p. 12.
56 Cf. Byung-Chul Han. *Dataismus und Nihilismus. ZEIT Online*, 27/9/2011.
57 Evgeny Morozov. *Smarte neue Welt: Digitale Technik und die Freiheit des Menschen*. Munique: Karl Blessing, 2013, p. 378.

têm importância. Estados de ânimo, sensações e atividades cotidianas também são registrados. O desempenho corporal e mental deve ser melhorado através da autoaferição e do autocontrole. No entanto, o puro acúmulo de dados não responde à pergunta *quem sou eu?* O *quantified self* também é uma técnica dataísta de si que o esvazia completamente de sentido. O si mesmo é desmanchado em dados até que se torne insignificante.

O lema do *quantified self* é: *Self knowledge through numbers* («autoconhecimento através dos números»). Por mais abrangentes que eles sejam, dados e números não produzem autoconhecimento. Os números não *contam* nada sobre o eu. Não há narrativa. Mas o eu se deve a uma *narrativa*. Não a contagem, mas a narrativa é que conduz ao encontro de si e ao autoconhecimento.

O antigo cuidado de si está ligado às práticas de registro sobre si mesmo. A *publicatio sui* (Tertuliano) é uma parte essencial do cuidado de si mesmo:

Escrever também era importante na cultura do cuidado de si. Uma de suas características mais significativas implicava tomar notas sobre si mesmo que precisavam ser relidas, escrever tratados ou cartas para amigos para ajudá-los e carregar cadernos com o intuito de reativar para si mesmo as verdades necessárias.[58]

A *publicatio sui* se dedica a uma busca pela verdade. Os registros sobre si mesmo servem a uma ética do eu. O dataísmo, ao contrário, esvazia o automonitoramento (*self-tracking*) de qualquer ética e *verdade* e o transforma em mera técnica de autocontrole. Os dados coletados também são publicados e trocados. Assim, o automonitoramento se assemelha cada vez mais à autovigilância. O sujeito contemporâneo é um empreendedor de si mesmo que se autoexplora.

58 Foucault, *Tecnologías del yo y otros textos afines*, op. cit., p. 61.

Ao mesmo tempo, é um fiscalizador de si próprio. O sujeito autoexplorador traz consigo um campo de trabalhos forçados, no qual é ao mesmo tempo carrasco e vítima. Como sujeito que expõe e supervisiona a si próprio, ele carrega consigo um pan-óptico no qual é, de uma só vez, o guarda e o interno. O sujeito digitalizado e conectado é um *pan-óptico de si mesmo*. Dessa maneira, o monitoramento é delegado a todos os indivíduos.

O registro total da vida

Hoje, cada clique que damos e cada termo que pesquisamos ficam salvos. Cada passo na rede é observado e registrado. Nossa vida é completamente reproduzida na rede digital. Os nossos hábitos digitais proporcionam uma representação muito mais exata de nosso caráter, e nossa alma, talvez até mais precisa ou mais completa do que a imagem que fazemos de nós mesmos.

Hoje, o número de endereços na web é praticamente ilimitado. Assim, é possível fornecer a cada objeto de uso um endereço internet. As próprias coisas se tornam emissoras ativas de informações: sobre a nossa vida, nosso fazer, nossos costumes. A expansão da internet das pessoas (web 2.0) para a internet das coisas (web 3.0) completa a sociedade de controle digital. A web 3.0 torna possível um registro total da vida. Agora também somos monitorados pelas coisas que utilizamos cotidianamente.

Somos, por assim dizer, prisioneiros de uma memória total de caráter digital. O pan-óptico de Bentham, por outro lado, carece de um sistema de registro eficiente. Existe apenas um livro das punições disciplinares que lista os castigos aplicados e suas causas. A vida dos presos não é registrada. De qualquer maneira, ao Grande Irmão também permanece oculto o que as pessoas pensam ou desejam. Em contraste com o Grande Irmão, que provavelmente é muito esquecido, os *big data* não esquecem nada. Já por esse motivo, o pan-óptico digital é mais eficiente do que o benthaminiano.

Nas eleições norte-americanas, *big data* e *data-mining* de dados se revelam, de fato, o ovo de Colombo. Os candidatos têm uma visão em 360° dos eleitores. Gigantescas quantidades de dados de diferentes fontes são coletadas, na verdade compradas e conectadas entre si, para que possam produz perfis eleitorais bem definidos. Com isso, também se adquire uma visão da vida privada e mesmo da psique dos eleitores. O *micro-targeting* é aplicado para abordar os eleitores com mensagens direcionadas e personalizadas, e assim *influenciá-los*. O *micro-targeting,* como prática da microfísica do poder, é uma *psicopolítica movida por dados*. Os algoritmos inteligentes também permitem realizar prognósticos sobre o comportamento eleitoral e otimizar o discurso. Os discursos eleitorais individualmente adaptados não diferem muito das propagandas personalizadas. Cada vez mais, votar e comprar, Estado e mercado, cidadão e consumidor se assemelham. O *micro-targeting* se torna a prática geral da psicopolítica.

O censo demográfico, que representa uma prática *biopolítica* da sociedade disciplinar, oferece um material que é utilizável *demograficamente*, mas não *psicologicamente*. A biopolítica não permite um acesso sutil à psique. A psicopolítica digital, por outro lado, é capaz de intervir de forma prospectiva nos processos psíquicos. Talvez ela seja até *mais rápida* do que o livre-arbítrio, podendo ultrapassá-lo. Isso significaria o fim da liberdade.[59]

O inconsciente digital

Os *big data* talvez tornem legíveis aqueles nossos desejos dos quais nós mesmos não estamos propriamente conscientes. De fato, em determinadas situações, desenvolvemos inclinações que escapam à nossa consciência. Muitas vezes, nem sequer sabemos por que de repente sentimos certa necessidade. O fato de uma mulher em determinada semana de gravidez desejar determinado produto, implica uma correlação da qual ela mesma não está consciente. Ela simplesmente compra aquele determinado produto, mas não sabe por quê. *É assim mesmo.* Esse «é assim mesmo» talvez tenha uma proximidade psíquica do id freudiano, que escapa ao ego consciente. Vistos dessa forma, os *big data fariam um ego a partir do id* que se deixa explorar psicopoliticamente. Se os *big data* oferecessem acesso ao inconsciente de nossas ações e inclinações, então seria possível imaginar uma psicopolítica que interviria profundamente em nossa psique para explorá-la.

De acordo com Walter Benjamin, a câmera de cinema permite o acesso a um «inconsciente óptico»:

59 Cf. V. Mayer-Schönberger e K. Cukier. *Big Data: Die Revolution, die unser Leben verändern wird.* Munique: Redline, 2013, p. 203.

Com o grande plano aumenta-se o espaço, com o *ralenti* o movimento adquire novas dimensões. [...] Assim se torna compreensível que a natureza da linguagem da câmera seja diferente da do olho humano. Diferente, principalmente, porque em vez de um espaço preenchido conscientemente pelo homem, surge um outro preenchido inconscientemente. [...] Em geral, o ato de pegar num isqueiro ou numa colher é-nos familiar, mas mal sabemos o que se passa entre a mão e o metal ao efetuar esses gestos, para não falar de como neles atua a nossa flutuação de humor. Aqui, a câmera intervém com os seus meios auxiliares, os seus «mergulhos» e subidas, as suas interrupções e isolamentos, os seus alongamentos e acelerações, as suas ampliações e reduções. A câmera leva-nos ao inconsciente óptico, tal como a psicanálise ao inconsciente das pulsões.[60]

Poderia se estabelecer uma analogia entre os *big data* e a câmera de cinema. Como uma lupa digital, o *data-mining* ampliaria as ações humanas e revelaria, por trás do espaço de ação estruturado pela consciência, um campo de ação estruturado de maneira inconsciente. A microfísica dos *big data* tornaria visíveis *actomes*, isto é, *microações* que escapariam à consciência. Os *big data* também poderiam promover padrões coletivos de comportamento dos quais não seríamos conscientes como indivíduos. Com isso, o inconsciente coletivo ficaria acessível. Analogamente ao «inconsciente óptico», a inter-relação microfísica ou micropsíquica também poderia ser chamada de *inconsciente digital*. A psicopolítica digital seria então capaz de aproveitar o comportamento das massas em um nível que escapa à consciência.

---

60 Walter Benjamin. *Sobre arte, técnica, linguagem e política*. Trad. de Maria Luz Moita, Maria Amélia Cruz e Manuel Alberto. Lisboa: Relógio D'Água, 1992, pp. 104-5.

Grande negócio

Atualmente, os *big data* não se manifestam apenas na forma do Grande Irmão, ou seja, do *Big Brother*, mas também de um *big deal*. Antes de tudo, os *big data* são um grande negócio: os dados pessoais são completamente monetarizados e comercializados. Hoje, as pessoas são tratadas e comercializadas como pacotes de dados que podem ser explorados economicamente. Assim, elas próprias se tornam mercadoria. *Big Brother* e *big deal* se aliam. O Estado de monitoramento e o mercado se tornam um.

A empresa estadunidense de análise dos *big data* Acxiom comercializa os dados pessoais de cerca de 300 milhões de cidadãos norte-americanos, ou seja, de quase todos os cidadãos. Dessa maneira, a Acxiom sabe mais coisas sobre os cidadãos norte-americanos do que o FBI. Na Acxiom, as pessoas são divididas em setenta categorias, e oferecidas em um catálogo como mercadorias. Para cada necessidade há algo para comprar. Pessoas com um valor econômico baixo são denominadas com o termo *waste* («lixo»). Consumidores com alto valor de mercado se encontram no grupo *shooting star*. São dinâmicos, casados, têm entre 36 e 45 anos, sem filhos, levantam cedo para correr, gostam de viajar e veem *Seinfeld*.

Os *big data* inauguraram uma nova *sociedade de classes digital*. Quem está na categoria «lixo» pertencem à classe mais baixa. Aos indivíduos com pontuação ruim são negados empréstimos. Logo, junto ao pan-óptico surge um «ban-óptico».[61] O pan-óptico monitora os internos incluídos no

---

61 Zygmunt Bauman. *Vigilância líquida: Diálogos com David Lyon*. Trad. de Carlos Alberto Medeiros. Rio de Janeiro: Zahar, 2014, pp. 52ss.

sistema. O ban-óptico é um dispositivo que identifica como indesejadas as pessoas estranhas ou hostis ao sistema e as *exclui* (em inglês: *to ban*). O pan-óptico clássico serve para disciplinar; os ban-ópticos garantem a segurança e a eficiência do sistema.

O ban-óptico digital identifica pessoas que são economicamente inúteis como lixo. O lixo é algo que precisa ser eliminado:

São todos redundantes. Dejetos ou refugos da sociedade. Em suma, lixo. «Lixo» é, por definição, o antônimo de «coisa útil», denota objetos sem utilidade possível. Com efeito, a única habilidade do lixo é sujar e atravancar um espaço que, de outro modo, poderia ser proveitosamente empregado. O principal propósito do ban-óptico é garantir que o lixo seja separado do produto decente e identificado a fim de ser transferido para um depósito adequado.[62]

Esquecer

A memória humana é uma narração, uma narrativa para a qual o esquecimento é essencial. A memória digital, por outro lado, é uma adição e acumulação sem intervalos. Os dados armazenados são contáveis, mas não narráveis. Salvar e recuperar é fundamentalmente diferente da memória, que é um processo narrativo. A autobiografia também é um escrito narrativo de lembrança. A linha do tempo (*timeline*), por outro lado, não narra nada. É uma simples enumeração e adição de eventos ou informações.

A memória é um processo dinâmico e vivo em que diferentes períodos de tempo interferem e se influenciam mutuamente. Está sujeita a transcrições e reagrupamentos constantes. Freud considera a memória humana um organismo vivo:

62 Ibid., p. 57.

Você sabe, eu trabalho com a suposição de que nosso mecanismo psíquico aparece através de camada sobre camada: o material presente na forma de traços de memória sofre de tempos em tempos um rearranjo, uma transcrição após novas relações. O essencialmente novo em minha teoria é a afirmação de que a memória se apresenta não de uma forma, mas de várias formas, em diferentes maneiras de traços.

Assim, não existe *o* passado que se mantém igual e é recuperável na mesma forma.[63] A memória digital se constitui de momentos presentes indiferentes ou, por assim dizer, de momentos *zumbis*. Falta-lhe esse horizonte temporal estendido que constitui a *temporalidade dos viventes*. Com isso, a vida digital perde sua vitalidade. A temporalidade do digital é a dos mortos-vivos.

Espírito

Os *big data* sugerem um conhecimento absoluto. Tudo é mensurável e quantificável. As coisas revelam suas correlações secretas, que até então estavam ocultas. Do mesmo modo, o comportamento humano também deve ser previsível. Uma nova era de conhecimento é anunciada. As correlações substituem a causalidade. O *é assim mesmo* substitui o *por quê*. A quantificação da realidade movida a dados afasta completamente o espírito do conhecimento.

Para Hegel, o filósofo do espírito, o conhecimento total prometido pelos *big data* pareceria um não saber absoluto. A *Lógica* hegeliana pode ser lida como a lógica do conhecimento. De acordo com ela, a correlação representa o estágio mais primitivo do conhecimento. Uma forte correlação entre A e B afirma o seguinte: quando A se altera, também ocorre uma alteração

---

63 Sigmund Freud. «Carta 52 da correspondência a Fliess». In: *Obras completas*. v. I. Rio de Janeiro: Imago, 1969, p. 254.

em B. Em uma correlação, por mais forte que seja, não se conhece absolutamente o *porquê dessa alteração*. É *simplesmente assim*. Trata-se de uma relação de probabilidade, e não de necessidade. Na correlação, A ocorre *frequentemente* junto com B. É neste ponto que a correlação se diferencia da relação causal. Já a necessidade é distinta por essa relação causal: A *causa* B.

A causalidade não é o mais alto nível de conhecimento. A reciprocidade é uma relação mais complexa do que a relação causal. Ela afirma: A e B se condicionam mutuamente. Existe uma conexão necessária entre ambos. Mas, mesmo no estágio da reciprocidade, a conexão entre A e B ainda não pode ser *concebida* (*begriffen*):

> Quando se fica na consideração de dado conteúdo simplesmente sob o ponto de vista da ação-recíproca, isso é de fato um comportamento inteiramente carente-de-conceito.[64]

Só o «conceito» produz o conhecimento. Ele é C, que *conceitualiza dentro de si* A e B, e através do qual ambos são *conceitualizados*. É a ligação mais elevada, que abrange A e B e a partir da qual a relação entre de A e B pode ser fundamentada. Portanto, A e B são «momentos de um terceiro, superior». O *conhecimento* só é possível no nível do conceito:

> O conceito é o imanente às coisas mesmas; por ele, as coisas são o que são; e conceituar um objeto significa, por isso, ser consciente de seu conceito.[65]

---

64 Georg Wilhelm Friedrich Hegel. *Enciclopédia das ciências filosóficas em compêndio*. V. I: *A ciência da lógica*. Trad. de Paulo Menezes. São Paulo: Loyola, 1995, p. 286.
65 Ibid., p. 303.

Só a partir do *conceito C* oniabrangente é possível uma *concepção* integral da correlação entre A e B. Os *big data* colocam à disposição apenas um conhecimento muito elementar, as correlações, nas quais nada é *concebido. Os big data não têm conceito nem espírito.* O conhecimento absoluto que sugere coincide com a falta de saber absoluta.

O conceito é uma unidade que *envolve* (*ein-schließt*) e *concebe* (*ein-begreift*) em si os seus momentos. Tem a forma de um *silogismo* (*Schluß*), no qual tudo está envolvido (*inbegreifen*).

«Tudo é silogismo» significa «tudo é conceito».[66] O conhecimento absoluto é o silogismo absoluto. A definição de absoluto é «silogismo».[67] Só a *adição* continuada não produz nenhum silogismo. O silogismo não é uma *adição*, mas uma *narração*. O silogismo absoluto é algo que *exclui* (*ausschließt*) uma nova adição. O silogismo como narração é uma contrafigura da adição. Os *big data* são puramente *aditivos* e não atingem nunca nenhum silogismo ou conclusão. Ao contrário das correlações e das adições que os *big data* produzem, a teoria representa uma *forma de conhecimento narrativa.*

O espírito é um silogismo, uma totalidade em que suas partes são *racionalmente suspensas* (*aufgehoben*). A totalidade é uma forma de silogismo. Sem o espírito, o mundo reduzido à mera adição se desintegra. O espírito forma sua *interioridade* e o *repositório* que *reúne* tudo dentro de si. A teoria também é um silogismo que *concebe* em si as partes e as *envolve*. O «fim da teoria» anunciado por Chris Anderson implica, em última instância, *dar adeus ao espírito.* Os *big data* deixam que o espírito se atrofie completamente.

---

66 Ibid., p. 316.
67 Ibid., p. 315.

A ciência do espírito movida apenas a dados já não é, com efeito, uma ciência do espírito. O conhecimento de dados total é um não saber absoluto no grau zero do espírito.

Em *A ciência da lógica*, Hegel afirma: «O silogismo é o racional e todo o racional».[68] Para ele, o silogismo não é uma categoria da lógica formal. Um silogismo ocorre quando o começo e o fim de um processo formam uma conexão com sentido, uma unidade doadora de sentido. Portanto, ao contrário da mera adição, a narração é um silogismo. O *conhecimento* é um silogismo. Os rituais e as cerimônias também são formas de silogismo. Eles representam um processo narrativo. Assim, têm tempo, ritmo e compasso próprios. Como narrativa, escapam à aceleração. Por outro lado, onde todas as formas silogísticas se deterioram, tudo escorre sem *parar*. A aceleração total ocorre em um mundo onde tudo se tornou aditivo e cada tensão narrativa, cada tensão vertical, foi perdida.

Hoje, a própria percepção é incapaz de silogismo, ou seja, de conclusão, porque está zapeando na rede digital infinita. Ela se dispersa totalmente. Apenas um demorar-se contemplativo é capaz de silogismo. *Fechar os olhos* é uma alegoria para o silogismo. A troca rápida de imagens e informações torna o fechamento dos olhos, o silogismo contemplativo, impossível. Se tudo o que é racional é um silogismo, então a era dos *big data* é uma era sem razão.

---

68 Id.

O método estatístico inventado no século XVII tirou o fôlego de cientistas, apostadores, poetas e filósofos. Eles recorriam com grande entusiasmo à probabilidade e à regularidade estatísticas descobertas naquela época. Essa euforia pode ser comparada com a dos *big data*. Naquela época, levou as pessoas a recuperar a confiança na providência divina em frente à contingência do mundo. Assim se intitula um tratado sobre as estatísticas populacionais escrito por John Arbuthnot no século XVIII: *An Argument for Divine Providence, taken from the Regularity observed in the British Births of both Sexes* [Um argumento para a Divina Providência, retirado da regularidade observada nos nascimentos britânicos de ambos os sexos]. Os filósofos acreditavam poder reconhecer até mesmo o vaticínio divino e justificar a guerra no excesso estatisticamente apurado de recém-nascidos do sexo masculino em comparação com os do sexo feminino.

Immanuel Kant também se entusiasma pela possibilidade de cálculo estatístico, que permite reconhecer uma regularidade, incorporando-a a sua visão teleológica da história.

Por um lado, ele parte da liberdade da vontade. Por outro lado, restringe-a. De acordo com Kant, as manifestações do livre-arbítrio, ou seja, as ações humanas, são determinadas — assim como qualquer outro fato natural — por leis gerais da natureza. Quando se observa o jogo da liberdade da vontade humana «em linhas gerais» pode-se distinguir uma regularidade. Por mais irregulares que as ações dos sujeitos individuais possam parecer, pode-se reconhecer, no que concerne à espécie, um «desenvolvimento continuamente progressivo, embora lento, das suas disposições originais». Logo, Kant remete à estatística:

Porque a livre vontade dos homens tem tanta influência sobre os casamentos, os nascimentos que daí advêm e a morte, eles não parecem estar submetidos a nenhuma regra segundo a qual se possa de antemão calcular seu número. E, no entanto, as estatísticas anuais dos grandes países demonstram que eles acontecem de acordo com leis naturais constantes, do mesmo modo que as inconstantes variações atmosféricas, que não podem ser determinadas de maneira particular com antecedência, no seu todo não deixam, todavia, de manter o crescimento das plantas, o fluxo dos rios e outras formações naturais num curso uniforme e ininterrupto. Os homens, enquanto indivíduos, e mesmo povos inteiros mal se dão conta de que, enquanto perseguem propósitos particulares, cada qual buscando seu próprio proveito e frequentemente uns contra os outros, seguem inadvertidamente, como a um fio condutor, o propósito da natureza, que lhes é desconhecido, e trabalham para sua realização.[69]

69 Immanuel Kant. *Ideia de uma história universal de um ponto de vista cosmopolita*. Trad. de Rodrigo Novaes e Ricardo R. Terra. 4. ed. São Paulo: Martins Fontes, 2016, pp. 3-4. A regularidade dos matrimônios, dos nascimentos e das mortes foi retirada por Kant da estatística entre 1740 e 1770, possivelmente do tratado de Johan Peter Süßmilch, *A ordem divina nas mudanças da raça humana, demonstrada a partir do seu nascimento, morte e reprodução*. Cf. Rüdiger Campe. «Wahrscheinliche Geschichte: poetologische Kategorie und mathematische Funktion». In: Joseph Vogl (Org.). *Poetologien des Wissens um 1800*. Munique: Wilhelm Fink, pp. 209-230.

70 Em seu artigo «Was heißt Die Mehrheit entscheidet?» [O que significa «a maioria decide»?], Manfred Schneider aborda o aspecto estatístico da vontade geral. Cf. C. Vismann e T. Weitin (Orgs.). *Urteilen/Entscheiden*. Munique: Wilhelm Fink, 2006, pp. 154-74.

O primeiro Iluminismo está essencialmente ligado à crença no conhecimento estatístico. A vontade geral de Rousseau também é o resultado de uma operação estatístico-matemática. Ela se forma *sem nenhuma comunicação*[70] e é resultado de médias estatísticas:

Frequentemente se estabelece uma diferença entre a vontade de todos e a vontade geral: esta só atende ao interesse comum, a outra só escuta o interesse privado, e não é mais do que a soma das vontades particulares; mas retirai destas mesmas vontades os prós e os contras que entre si se anulam e restará a vontade geral, como soma dessas diferenças.[71]

Rousseau enfatiza expressamente o fato de que a determinação da vontade geral não requer comunicação e tem mesmo que a descartar. A comunicação distorce a objetividade estatística. Assim, Rousseau proíbe a formação de partidos políticos e associações. Sua democracia não possui discurso e comunicação. Esse método estatístico produz uma síntese de quantidade e verdade.[72] À pergunta de como se pode reconhecer um bom governo, Rousseau dá uma resposta biopolítica. Ele tem o cuidado de não abordar a questão de forma moral: o propósito da união política não seria mais do que a preservação e o bem-estar de seus membros. O sinal mais óbvio disso seria o aumento da população. O melhor governo seria, sem dúvida, aquele que permitisse que seus cidadãos mais e mais «se multipliquem». Assim, Rousseau exclama: «Homens dos cálculos, o assunto agora pertence-lhes: contem, meçam, comparem».[73]

A euforia atual em torno dos *big data* é muito parecida com aquela em torno da estatística do século XVIII, que, porém, diminuiu rapidamente. A estatística corresponde, com efeito, aos *big data* da época. Logo surgiu uma resistência contra ela, especialmente por parte do Romantismo. A abominação da média e da normalidade é o afeto fundamental desse movimento. O singular, o

71 Jean-Jacques Rousseau. *O contrato social*. Trad. de Mário Franco de Sousa. Oeiras: Presença, 2010, p. 42.
72 Schneider, «Was heißt Die Mehrheit entscheidet?», op. cit., p. 162.
73 Rousseau, *O contrato social*, op. cit., p. 102.

improvável e o repentino se opõem ao estatisticamente provável. O Romantismo cultivou o peculiar, o anormal e o extremo contra a normalidade estatística.[74]

A repulsa à razão estatística também é compartilhada por Nietzsche:

A estatística prova que existem leis na história. Ela prova inclusive a vulgar e repugnante uniformidade da massa. Por que não vão praticar a estatística em Atenas?! Vocês sentiriam logo a diferença! Quanto mais a massa é vil e indiferenciada, mais a lei da estatística é rigorosa. Mas logo que a multidão é de uma liga metálica mais fina e mais nobre, a lei vai para o diabo. E exatamente nos píncaros, no mundo dos grandes espíritos, vocês não podem mais contar: por exemplo, com que idade os grandes artistas se casam? Abandonem toda a esperança, vocês que procuram aqui uma lei! Assim, ainda que existam leis na história, elas não têm nenhum valor, não mais do que a própria história, quer dizer, aquilo que aconteceu.[75]

A estatística não leva em consideração «os grandes personagens que atuam no palco da história, mas apenas os figurantes».[76] Nietzsche se volta contra o tipo de história

que faz dos grandes instintos da massa o fator histórico primordial e que vê em todos os grandes homens somente a expressão mais clara destas forças, como pequenas bolhas de ar que sobem para a superfície das ondas.[77]

---

74 Cf. Manfred Schneider. «Serapiontische Probabilistik: Einwände gegen die Vernunft des großen Haufens». In: G. Neumann (Org.). *Hoffmanneske Geschichte*: *Zu einer Literaturwissenschaft als Kulturwissenschaft*. Würzburg: Königshausen & Neumann, 2005, pp. 259-76.
75 Friedrich Nietzsche. *Escritos sobre história*. Trad. de Noéli Correia de Melo Sobrinho. São Paulo: Loyola, 2005, p. 292.
76 Ibid., p. 299.
77 Ibid., p. 161.

Para Nietzsche, os números estatísticos provam apenas que o homem é um animal gregário, que «os seres humanos crescem tornando-se iguais». Esse tornar-se iguais também caracteriza a atual sociedade da transparência e da informação. Se tudo tem que ser imediatamente visível, divergências são quase impossíveis. Da transparência surge uma pressão por conformidade que elimina o outro, o estranho, o desviante. Os *big data* tornam visíveis sobretudo os padrões comportamentais coletivos. O próprio dataísmo reforça o *crescer tornando-se iguais*. O *data-mining* não é, em princípio, distinto da estatística. As correlações que ele expõe mostram o estatisticamente provável. São calculados os valores médios estatísticos. Assim, os *big data* não têm nenhum acesso àquilo que é único. Eles são completamente *cegos ao acontecimento*. Não é o estatisticamente provável, mas o improvável, o *singular*, o *acontecimento* que determinará a história, o *futuro* humano. Por isso, os *big data* também são *cegos ao futuro*.

De acordo com Nietzsche, à «naturalização» do homem pertence a «disposição para o absolutamente repentino e entrecruzado».[78] Esse *acontecimento* que entrecruza o que é válido até o momento e a ordem existente é tão imprevisível e repentino como um *acontecimento natural*. Está além de qualquer cálculo e previsão. Dá início a um *estado completamente novo*. O *acontecimento* põe em jogo um *fora* que rompe o sujeito e arranca-o de sua sujeição. Os acontecimentos apresentam rupturas e descontinuidades que abrem *novos espaços de liberdade*.

Seguindo Nietzsche, Foucault adere àquela ideia de história que deixa «o acontecimento aparecer em sua singularidade radical». Por «acontecimento», Foucault entende «a inversão de uma relação de forças», a «queda de um poder, a reconfiguração de uma fala e seu uso contra o falante anterior».[79] No acontecimento *subitamente* se fala *outra língua*. Há uma *quebra da certeza dominante* que *invoca* uma constelação do ser completamente diferente. Os acontecimentos são viradas nas quais se realiza uma inversão, uma subversão da dominação. Um acontecimento dá *lugar* a algo que faltava no estado anterior.

Ao contrário da *vivência*, a *experiência* se baseia em uma descontinuidade, significando transformação. Em um diálogo, Foucault lembra que a *experiência* em Nietzsche, Blanchot e Bataille serve para rasgar o sujeito de si mesmo, de modo que não seja mais ele próprio, ou que seja levado à sua destruição ou à sua dissolução.[80]

---

78 Friedrich Nietzsche. «Nachgelassene Fragmente: Frühjahr 1881-Sommer 1882», *Kritische Gesamtausgabe*, v. 2, Berlim, 1973, p. 427.

79 Michel Foucault. *Von der Subversion des Wissens*. Frankfurt: Fischer, 1987, p. 80.

80 Id., *Der Mensch ist ein Erfahrungstier: Gespräch mit Ducio Trombadori*. Frankfurt: Suhrkamp, 1996, p. 27.

Ser sujeito significa estar submetido. A *experiência* arranca-o de sua sujeição. Ela se contrapõe à psicopolítica neoliberal da *vivência* ou da *emoção*, que envolve o sujeito de maneira ainda mais profunda em sua subjugação.

Com Foucault, a arte de viver pode ser concebida como uma prática de liberdade que produz uma forma de vida completamente diferente. Ela se realiza como uma despsicologização:

A arte de viver significa matar a psicologia e criar, a partir de si mesmo e de outras individualidades, seres, relações, qualidades que não tenham nome. Se não se consegue isso, essa vida não vale a pena ser vivida.[81]

A arte de viver se opõe ao «terror psicológico» que é aplicado na subjetivação.

A psicopolítica neoliberal é a técnica de dominação que estabiliza e mantém o sistema dominante através da programação e do controle psicológicos. Com isso, a arte de viver como prática de liberdade deve assumir a forma de uma despsicologização. Ela desarma a psicopolítica como meio de submissão. O sujeito é despsicologizado, *esvaziado*, para que se torne livre para aquela forma de vida que ainda não tem nome.

---

81 Id., *Ästhetik der Existenz: Schriften zur Lebenskunst*. Frankfurt: Suhrkamp, 2007, pp. 110ss.

Em seu curso de 1980 sobre Espinosa, Deleuze observa o seguinte:

Literalmente, eu diria que se fazem de idiotas. Faze-se de idiota. Fazer-se de idiota será sempre uma função da filosofia.[82]

Desde o início, a filosofia está intimamente ligada ao idiotismo. Todo filósofo que produz um novo idioma, uma nova linguagem, um novo pensamento, terá sido necessariamente um idiota. Só o idiota tem acesso ao *completamente Outro*. O idiotismo torna acessível ao pensamento um *campo de imanência de acontecimentos e singularidades* que escapa a qualquer subjetivação e psicologização.

A filosofia é uma história de idiotismos. Sócrates, que só sabe que nada sabe, é um idiota. Descartes também é um idiota, que põe tudo em dúvida. *Cogito ergo sum* é um idiotismo. Uma contração interna do pensamento torna possível outro começo. Descartes *pensa* na medida em que *pensa o pensamento*. O pensamento recupera o estado virginal no qual ele se refere a si mesmo. Ao idiota cartesiano, Deleuze opõe outro idiota:

O antigo idiota queria evidências, às quais ele chegaria por si mesmo: nessa expectativa, duvidaria de tudo [...]. O novo idiota não quer, de maneira alguma, evidências, [...] ele quer o absurdo — não é a mesma imagem do pensamento. O antigo idiota queria o verdadeiro, mas o novo quer fazer do absurdo a mais alta potência do pensamento, isto é, criar.[83]

82 Gilles Deleuze. *En medio de Spinoza*. Buenos Aires: Cactus, 2008, p. 28. Cf. P. Menge. *Faire l'idiot: La politique de Deleuze*. Paris: Germina, 2013.

83 Gilles Deleuze e Félix Guattari. *O que é a filosofia?* 2. ed. São Paulo: Ed. 34, 2007, p. 84.

Hoje, os tipos do excêntrico, do louco e do idiota parecem ter desaparecido da sociedade. A conexão digital e a comunicação totais aumentam significativamente a coerção por conformidade. A violência do consenso reprime o idiotismo. Botho Strauss está bem ciente da diferença entre o conformismo de hoje e a convenção burguesa:

Para ele, é como se todos os outros falassem de maneira finamente coordenada. Ajustados até o grau de concordância mais palatável. [...] Uma convenção muito mais intransigente do que qualquer outra anterior.[84]

O idiota é um idiossincrata. Idiossincrasia significa literalmente uma mistura peculiar dos sucos corporais e a hipersensibilidade resultante daí. Onde é necessário acelerar a comunicação, a idiossincrasia representa um obstáculo devido à sua defesa imunológica contra o Outro. Ela bloqueia o intercâmbio comunicativo ilimitado com o Outro. Portanto, a imunossupressão é necessária para acelerar a comunicação. Ela é maciçamente suprimida para acelerar a circulação da informação e do capital. A comunicação atinge sua velocidade máxima onde o Mesmo reage ao Mesmo. A resistência e a rebeldia da alteridade ou do estranhamento perturbam e retardam a comunicação plana do Mesmo. Precisamente no *inferno do Mesmo* a comunicação atinge sua velocidade máxima.

Diante da coerção da comunicação e da conformidade, o idiotismo representa uma prática da liberdade. O idiota, por sua própria natureza, é o desligado, o desconectado, o desinformado. Ele habita o *fora impensável* que escapa à qualquer comunicação e conexão:

---

84 Botho Strauss. *Lichter des Toren*: *Der Idiot und seine Zeit*. Munique: Diederichs, 2013, p. 10.

O idiota se revolve como uma rosa arrancada no redemoinho de seres humanos determinados — seres humanos em consenso. Incorporadas, pertencentes a uma concordância milagrosa.[85]

O idiota é o moderno herético. Originalmente, heresia significa *escolha*. Assim, o herético é alguém que dispõe de *livre escolha*. Ele tem a coragem de se desviar da ortodoxia. Corajosamente, livra-se da obrigação de conformidade. O idiota como herege é uma figura de resistência à violência do consenso. Ele resgata o encanto do forasteiro. Em vista da crescente obrigação de conformidade, aguçar a *consciência herética* seria hoje mais urgente do que nunca.

O idiotismo opõe-se ao poder neoliberal de dominação, à comunicação e à vigilância totais. O idiota não «comunica». Ou melhor, se comunica através do não comunicável. Assim, ele se recolhe em silêncio. O idiotismo erige *espaços abertos de silêncio, quietude e solidão* nos quais é possível dizer algo que realmente merece ser dito. Já em 1995, Deleuze anunciava essa *política do silêncio*. Ela é dirigida contra a psicopolítica neoliberal que obriga à comunicação e à informação:

A dificuldade hoje não é mais que não podemos expressar livremente nossas opiniões, mas criar livres espaços de solidão e silêncio em que encontremos algo a dizer. As forças repressivas não nos impedem de expressar nossa opinião. Ao contrário, elas até nos obrigam a isso. Que libertação é ao menos uma vez não ter que dizer nada e poder ficar em silêncio, porque só então temos a possibilidade de criar algo cada vez mais raro: algo que realmente valha a pena ser dito.[86]

O *idiot savant* tem acesso a um conhecimento completamente distinto. Ele se eleva sobre o horizontal, sobre o *estar meramente informado* e *conectado*:

85 Ibid., p. 11.
86 Gilles Deleuze. «Mediators». In: *Negotiations*, Nova York, 1995, pp. 121-34.

O *idiot savant*, como anteriormente se chamava o autista, deveria se libertar do conceito, que talvez pudesse ser aplicado àqueles aventureiros que estão ligados de maneira diferente do que apenas entre si.[87]

O idiotismo inaugura um espaço virginal, a distância que o pensamento necessita para se preparar para uma fala inteiramente distinta. O *idiot savant* vive da distância, como o estilita. Uma tensão vertical o capacita a uma *concordância superior* que o torna sensível aos *acontecimentos*, às *emissões do futuro*:

Estilita, santo do pilar, antena. As ondas da emissão excessiva produzem na boca do santo o mesmo ruído dos sinais fracos que o idiota recebe do mundo.[88]

Inteligência significa *escolher entre* (do latim *inter-legere*). Ela não é completamente livre, na medida em que está presa a um *entre* determinado pelo sistema. Não tem nenhum acesso ao *fora*, porque só tem a escolha entre opções dentro de um sistema. Portanto, não é de fato uma *livre escolha*, mas uma *seleção* de ofertas dispostas pelo sistema. A inteligência segue a lógica de um sistema. Ela é imanentemente sistêmica. Cada respectivo sistema define sua respectiva inteligência. Logo, a inteligência não possui nenhum acesso ao *inteiramente Outro*. Ela habita o horizontal enquanto o idiota toca o vertical na medida em que abandona a inteligência, ou seja, o sistema predominante: «O interior da idiotice é delicado e transparente como a asa de uma libélula; ele cintila com a inteligência superada».[89]

---

87 Strauss, *Lichter des Toren*, op. cit., p. 11.
88 Ibid., p. 165.
89 Ibid., p. 7. Clément Rosset distingue expressamente a idiotice da «ininteligência». Com isso, atribui à idiotice um potencial criativo: «Em geral, a idiotice é equiparada à ininteligência, considerada o contrário da inteligência. Dessa maneira, uma inteligência *receptiva, flexível e*

Em seu último texto, *A imanência: Uma vida...*, Deleuze eleva a imanência a uma fórmula de beatitude:

Pode-se dizer da pura imanência que ela é uma vida, e nada diferente disso. Ela não é imanência à vida, mas o imanente que não existe em nada também é uma vida. Uma vida é a imanência da imanência, a imanência absoluta: ela é potência completa, beatitude completa.[90]

Por isso, a imanência é um imanente que «não existe em nada», porque não é imanente a outro, mas apenas a si mesma. Assim, ela é a «imanência da imanência». Não está *submetida* a nada. Ela se basta a si mesma. Sobre esse plano de imanência da vida não se pode erigir nenhuma ordem de dominação. O capital se manifesta como *transcendência* que aliena a vida de si mesma. A *imanência como vida* suspende essa relação de alienação.

A pura imanência é o *vazio* que não se pode nem psicologizar nem subjetivar. A vida imanente é *em torno do vazio mais leve, mais rica, até mais livre.*[91] Não é a individualidade ou a subjetividade, mas a singularidade que caracteriza o idiota.

prudente é oposta a uma idiotice ordenada como *adormecida, insensível e mumificada.* [...] Na verdade, não existe nada tão «*receptivo, flexível e prudente* que a idiotice» (*Das Reale: Traktat über die Idiotie.* Frankfurt: Suhrkamp, 1988, p. 183). A abertura e a receptividade sem limites distinguem a idiotice da ininteligência, que é limitada. A ininteligência é pobre de experiência. Logo, não tem nenhum acesso ao acontecimento: «A ininteligência tranca as portas atrás de si: ela sinaliza a proibição de determinados acessos a este ou àquele conhecimento e limita, dessa maneira, seu horizonte de experiência». A idiotice, ao contrário, é «aberta a tudo na medida em que transforma um objeto qualquer em um objeto de atenção e de possível engajamento». Ela é uma «vocação», um «sacerdócio, com todos os seus ídolos, sacerdotes e seguidores» (ibid. p. 185).

90 Gilles Deleuze. «A imanência: Uma vida...». Trad. de Tomaz Tadeu. *Educação & realidade*, v. 27, n. 2, 2002, pp. 10-8.

91 Sobre o conceito de vazio, cf. Byung-Chul Han. *Philosophie des Zen-Buddhismus.* Stuttgart: Reclam, 2002; Byung-Chul Han. *Abwesen: Zur Kultur und Philosophie des Fernen Ostens.* Berlim: Merve, 2007.

Em sua essência, portanto, ele se assemelha a crianças que ainda não são um indivíduo. Sua existência não é constituída por qualidades individuais, mas por *aconte-cimentos* impessoais:

Por exemplo, os recém-nascidos são todos parecidos e não têm nenhuma individualidade; mas eles têm singularidades, um sorriso, um gesto, uma careta, acontecimentos que não são características subjetivas. Os recém--nascidos, em meio a todos os sofrimentos e fraquezas, são atravessados por uma vida imanente que é pura potência, e até mesmo beatitude.[92]

O idiota se assemelha ao *homo tantum*, «que não tem mais nome, embora ele não se confunda com nenhum outro».[93] O plano de imanência, ao qual ele tem acesso, é a matriz da dessubjetivação e da despsicologização. É a *negatividade* que arranca o sujeito de si mesmo e o liberta na «imensidão do tempo vazio».[94] O idiota não é um sujeito, é «antes uma existência em flor: simples abertura à luz».[95]

92 Deleuze. «A imanência: Uma vida», op. cit., p. 14.
93 Id.
94 Id.
95 Strauss, *Lichter des Toren*, op. cit., p. 175.

Trotzdem